徐《ソ》勝《スン》 著

だれにも故《コ》郷《ヒャン》はあるものだ

在日朝鮮人とわたし

だれにも故郷はあるものだ　在日朝鮮人とわたし◆目次

はじめに

A氏の一人息子が、ある日突然、日本人女性と結婚すると言い出した。掌中《てのなか》の珠のように育てた息子に後頭部を一撃された思いだったが、事実を受け入れるしかなかった。朝鮮を支配し、民族を抹殺しようとした日本に住みながら、在日朝鮮人一世たちは、いつか故郷に帰る日を夢見てきた。祖国と民族を拠り所とし、「日本人とは違う」文化と生活様式の中で生き、熱烈に民族独立、祖国統一を夢み、命までもかけてきた1世、2世同胞たちにとって、子弟の結婚問題は今や最大の悩みである。

同胞同士の結婚を仲介する結婚相談所や紹介業が盛業だそうだが、見合いは宝くじみたいなものだ。ましてや恋愛結婚となると、日本社会の中で在日同胞同士が出会うのは天運とも言える。日常的にふれる機会の多い日本人との恋愛や結婚となるのが自然の情であろう。親が猛反対したところで、いったん燃え上がった炎を消し去るのは至難の業である。友人のL君の二人の嫁は中国人と日本人であり、若手実業家のG君は、子供が中学生になれば、アメリカに留学させるつもりだ。こんな風に、在日同胞の中で、恵まれた経済的・社会的条件を持つ人物ほど、急速に民族的アイデンティティを多様化・希薄化させ、混迷している。彼らは差別を実感しない同胞と、差別を実感させない日本社会が実現しつつあると考え、「こだわり」を捨てようとしている。実際、差別と抑圧の無い世界が実現しつつあるのかどうかはともかく、在日同胞の中で3世、4世と世代が下るにつけて民族的な価値や生き方に無関心な傾向が強まっているのは間違いがない。

近年、韓国・朝鮮籍の「特別永住者」の減少傾向がいちじるしい。その数はすでに2001年末に50万人を割りこみ、近年、帰化者数が年一万人にもなり、在日朝鮮人の存在は風前の灯である。

血統にアイデンティティを求めてきた民族主義の基盤は激しく動揺している。国籍問題においても同じである。一部には「日本国籍取得運動」さえ起っており、入管筋の意図ともからんで、日本国籍を取って「韓国・朝鮮系日本人として生きるほこりを持つ」という言説も拡散している。韓国では、昨年2月に180万ともいわれる海外同胞に対する国政参政権が付与された。2012年から大統領選挙と国会議員の比例選挙区で投票権を行使するようになった。これが韓国籍海外同胞のコリアン・アイデンティティを強化するとは限らず、利権や便宜獲得がらみの二重国籍許容論も台頭している。その間進んできた国際化やグローバル化がそこに拍車をかけ、識者の間では、朝鮮人の主体性を否定する民族無用論を叫ぶ声はかまびすしい。

グローバル化はアメリカの市場へゲモニーの下での世界制覇という意図を持ったものであり、世界の大多数の人々の貧困化と二重構造の深化をもたらすものである。グローバル化・新自由主義の御旗の下に強引に推し進められてきたアメリカ中心の世界経済は破綻に瀕し、ますます、そのツケを弱者にかぶせようとしている。これを新しい現象だとは言えず、西欧産業資本主義が、「近代」と「文明」の仮面をかぶり世界制覇をしたときから、一貫して「前近代」と「野蛮」を支配してきた構造の延長でしかないと言えよう。

ともかくも、アジアの小帝国、日本の「同化と差別」という朝鮮植民地支配の手法の連続線上で、戦後も在日同胞は統治されてきた。植民地支配の本質は民族の最終的自己決定権である民族主権の剝奪と「同化と差別」であった。すなわち、「支配と排除」、そして「民族の抹殺」だった。

すでに朝鮮は日本の植民地ではない。しかし、脱植民地化は極めて困難な作業であることは、韓国において、いまだに国家的な事業として植民地時代の記憶から抜けだすための懸命の努力が続いており、利明博政権のもとで一部、逆行現象すら起こっている。今日、在日朝鮮人は植民地時代のような差別と抑圧を日々感じることはないかも知れないが、

「同化と差別」という、日本の植民地時代の対朝鮮人政策の基調に今も本質的な変化はないと言えよう。

その歴史をふり返ってみれば、たとえ日本国民国家のひさしの下であれ、在日同胞がマイノリティとして存在が認められる一抹の可能性を「多文化共生」に期待したのも無理からぬ所がある。

在日同胞にとって、祖国とはなにか？　民族とはなにか？　祖国と民族はもはや不要な時代になったのか？　そもそも、民族主義は他者との違いを意識するところから始まる。幼い頃に私は周囲の日本人から「チョーセン」と言われ、「自分は朝鮮人なんだ」と、異質な自我に目覚めた。民族主義は他者との比較の中で、自己の優越性や特殊性を語るものである。そこから神話や英雄伝説が生まれる。侵略や支配を正当化するためにであれ、逆にあまりにも不条理な苦難の現状を説明するために創り出された「選民意識」であれ、また抵抗の民族主義であれ、「民族」を単位として支配と被支配が存在するところでは、民族集団は自らの特殊・優秀を語るものである。

私のような、ほぼ3世ですら、幼い頃から「李舜臣《イスンシン》将軍」や「乙支文徳《ウルチムンドク》将軍」の英雄譚や、ハングルや亀船《コブクソン》、瞻星臺《チョムソンデ》の独創性、錦繍江山《クムスガンサン》三千里の秀麗な祖国についてアボジ（父）から聞かされておおきくなった。

しかし、なによりも、朝鮮のような被支配の「野蛮」の国の民族主義は、他者から支配され、侵略され、奴隷化される中で、生存の本能として他者と対峙する自己を自覚し、集団の記憶が創造される。その集団の記憶は個人の記憶に、否応なしにすりこまれる。にもかかわらず、長いうんざりする日本生活で記憶は風化し、近年、在日同胞の日本社会への同化が急進展し、「在日論」の流行となって現れた。そこに「拉致」問題が祖国への絶望と嫌悪をあおり、日本へのすりよりに拍車をかけた。

「在日」は日本への定住指向を持った在日朝鮮人で、朝鮮との関係性に距離を置き、日本に明確に傾斜している。日本国家の枠組を自己の存在の絶対的な前提としている。その「在日」は、「一視同仁」「同根同祖」のかけ声の下に、天皇の赤子《せきし》として、多民族帝国の臣民として、帝国の永劫不磨を毫《ごう》も疑わなかった植民地時代の朝鮮人を思い浮かべさせる。

日本の植民地支配を受けていた時代においても、高等文官試験に通り日本の外務省の役人になって日本人と肩を並べる者もおり、日本人以上に日本文化に精通した朝鮮人や、財力において日本人を雇用し、日本人もうらやむ生活をしていた朝鮮人もいた。朝鮮人労働者を弾圧する最先鋒となり、天皇崇拝を鼓吹した、朴春琴《パクチュングム》は帝国議会議員から貴族院議員にまで上りつめた。「同化」を首肯し帝国の懐に抱かれている限りにおいて、帝国は外に向かっては強大な威容を示す後ろ盾となり、内に向かっては父権主義的な温情で迎えてくれるものですらあった。

その大日本帝国は、朝鮮人に日本文化に染められ、限りなく忠良な臣民になることを求めながら、同時に日本人とはどこまでも異なる朝鮮人であることを要求した。「文明国家」日本にとって、「一等遅れた」朝鮮人は、独立した存在ではなく、教導、教化すべき惰弱な存在であると認識されるなら、その眼前に同じ目線でスックリと立ち上がるしかない。それが、尊厳ある人間というものだ。

今日においても、日本国家の枠組みの中での限りなく日本人と同等な権利の獲得ではなく、東アジアに対する加害者であり、支配者である日本国家の枠組み自体を問うことによって、はじめて普遍性へと連なる在日朝鮮人の正体性（アイデンティティ）を獲得することが可能であろう。正体を明らかにせよ！


在日朝鮮人の月刊マガジン『イオ』に昨年1年間、「在日同胞とわたし」というエッセーを連載した。一昨年の11月だったか、『イオ』の琴基徹《クムギチョル》編集長から電話があった。連載をしてほしいというのだ。月刊誌に1年の連載ははじめての事だった。『そう。東北アジアの平和だとか、人権だとかだったら、書けるかも知れない』と言うと、在日同胞をテーマに書いてほしいと言う。それを聞いて、絶句した。

私は確かに日本で生まれ育った朝鮮人であるが、日本では20年ほどの空白もあった。またその間、朝鮮半島の問題、とりわけ、韓国、朝鮮半島、東北アジアの平和、現代史と過去清算などに関心を持ち、特に在日同胞の問題を専門的に探求したことがなかったからだ。「在日問題」には、すでに多くの専門家がおり、しかも、私には日本という枠組に囚えられて安住している在日同胞の存在自体が息苦しく感じられたからだ。なによりも、朝鮮人を抜かした「在日」という言葉にうとましさを感じてもいた。

確かに在日同胞にとって、日本が生活の現場であるという事実は紛れも無い現実である。しかし、在日同胞の多くが、私たちが生き、格闘している朝鮮半島や東北アジアといった、すこし広い枠組で考えるよりは、日本という狭い土俵の中で一進一退しているように思われてならない。

とりあえず、編集長の熱意と強請にほだされて、毎回1000字ほどの連載だったら何とかなるだろう、という安易な気持ちで引き受けてしまった。しかし始めて見ると、生やさしいものではなかった。具体的でやさしい文章を書くということに慣れない私は、どれほど後悔したことか。しかし何とか一年が過ぎてみると、連載を通じて多くのことを学ばせてもらったことに感謝している。在日同胞と自分自身について、考えてみる貴重な機会になった。おまけに、文章を通じて、私にとって機会の少なかった在日朝鮮人同胞との出会いを得ることができた。

連載を終えて間もなく、琴編集長から、『せっかくだから、本にしたらどうですか』と、勧められた。最近、立命館大学コリア研究センターの仕事を引き受けていることもあって、研究の成果を編集し刊行する事は多いのだが、自分が書いた本を出して久しいことにそこで気づいた。専門書でも、書き下ろしでもない。折々のエッセーや評論などであるが、せっかくの機会にまとめておくのも悪くはないと考えた。


この本のタイトルを『だれにも故郷《コヒャン》はあるものだ――在日朝鮮人とわたし』とした。現代人は、故郷を失ったと言われている。だが、私にとって、生まれてもいないし、育ってもいない故郷こそが本当の故郷で、それ以外に故郷がないと思い込んで大きくなった。それが自分の氏素性の正しさを担保してくれるもののように思えたからだ。いうならば、周辺の好奇の視線に対して、「俺だって、人間なんだ」と叫ぶ拠り代がほしかったのだと思う。

本文「在日同胞とわたし」の中で書いているように、私は幼いころから、「チョーセン」と言われ、「朝鮮」「朝鮮人」と言い習わして大きくなった。ところが、60年代ころから祖国の分断対立を反映して、在日同胞社会にも「韓国」という言葉が侵入してきた。それから、朝鮮・韓国をめぐって、『どちらでもいいじゃない』と言いたくなるような不毛な小競り合いが繰り返された。北朝鮮が左前になって、90年代に露骨になった朝鮮バッシングの中でたれ流された日本メディアの「ならず者国家論」が在日朝鮮人にも植えこまれ、「朝鮮」は人目をはばかる隠微な言葉になった。そこで、「韓国」「コリア」「在日」などが幅をきかし始めた。

「在日」とかいう正体不明の造語は、朝鮮をできるだけ人目に付かせたくないという、日本の非正常さに対する迎合・おもねりであり、屈服であるとしか思えない。朝鮮を劣等視する意識は、「美しい国、日本」の歴史意識の裏返しである。「朝鮮」という言葉に対する抑圧とタブーは、植民地意識と反共・分断意識と支配の論理の発露でもある。

人権が、そして人としての尊厳の主張が、「抑圧され、奪われた者の叫び」であるとするなら、「朝鮮」が日本において抑圧され、憎まれ、蔑まれる限り、韓国でも、コリアでもない、「朝鮮」を言い続ける理由はあると考える。そんな思いで、最近では、在日同胞を言い表すには少し狭いと思われる「朝鮮」を、あえてこの本のサブタイトルに使った。

本書で頻出する「同胞」は在日朝鮮人を念頭に置いたものなので、日本人読者には違和感があり、日本の出版社から出すのには抵抗があるかもしれない。しかし、「四海同胞」と言うように、人類はあまねく同胞である。そのうえ、日本の皆さんも、最近、「在日」

という流行語に関心を高めている。
在日朝鮮人をめぐる私の思・考を集めた本書は、その「在日」という言葉の胡散臭さを引き剝がし、虚偽性を浮き彫りにしようとした試みでもある。日本人読者にとっては、この日本で朝鮮人が民族集団として同胞同士、どんな問題と意識と喜怒哀楽を持って暮らしているのかを知る手がかりにはなりうると考えた。さらに、在日同胞という、この小さな窓を通して、その向こうに近代以来、西欧の「文明」に虐げられてきた朝鮮半島と東アジア世界が広がっているのを眺望することができるだろう。何よりも、在日同胞を「同胞」たらしめた日本について、再思の機会を得ることにもなるだろう。

本を編むにあたって、『イオ』の連載だけでは分量が少ないので、『獄中19年』を出して以来、この15年ほどを私がどのように生きてきたのかについて、読者の皆さんの理解の助となるように康成銀《カンソンウン》先生との対談「私の歩いてきた道」を収めた。次に、在日朝鮮人をめぐる問題を日本人の視線も交えて検討するために、鵜飼哲先生との対談「日本における朝鮮人はどういう存在か」を収めた。最後に、その間、在日同胞と関連して、折々に日本や韓国の新聞・雑誌に書いた評論などから選んでまとめた。また、各文章の出典は文末につけたが、本書を編集するに当たって、適宜、加筆し、説明が必要な部分には注をつけた。

この本が日の目を見るようになったのは、怠惰な私にハッパをかけていただいた琴基徹編集長のおかげであり、体調不調にもかかわらず、直接編集を手がけていただいた社会評論社の松田社長の心意気によるものである。また、対談のテープ起こしなど、貴重な助力を惜しまなかった、金友子《キムウジャ》コリア研究センター専任研究員にも感謝したい。この本が、在日同胞が、ひいては広く四海同胞が、人生の道すがら多少の糧としていただけるなら、望外の幸せである。

重版にあたって、初版にあった誤字脱字を正し、その間の誤解や不正確な箇所を訂正した。本書出版以来、熱い声援や貴重なご意見、ご叱咤をお寄せいただいた皆さん、『図書新聞』に重厚な書評を執筆していただいた山口泉氏、重版に当たり丁寧に校正をしてくれた鄭栄桓コリア研究センター専任研究員に感謝をささげたい。

２００９年４月15日

京都嵐山にて　徐　勝

I 小さなたたかいからはじめて

［1］在日同胞とわたし

◇◇◇ 故郷（コヒャン）

京都市内の日本の小学校に通っていた。卒業式を前にして、ホームルームの時間に担任のH先生は生徒たちに聞いた。「卒業して、将来は何になりたいかな?」。みなが何を言ったか、よく覚えていない。恐らく、子どもらしい、野球選手だとか、消防士だとか、看護婦さんだとか、だっただろう。しかし私には、「将来」という言葉がまぶしく輝いて見えた。「将来」というものは、そんなものじゃないだろう。むず痒いもどかしさを感じて手をあげて立ち上がり、声をはずませた。「大きくなったら、飛行機に乗って朝鮮に帰ります」。場違いな気まずい空気が流れた。今でもそうだが、朝鮮が貧困と無知と不潔と怠惰《なまけもの》の代名詞のように思われていた当時、「朝鮮」という言葉は口にするのもはばかられた。

人には誰にでも生まれたところがあり、故郷があるものだ。故郷は普通、都会ではなく、田舎としてイメージされがちだ。安穏《あんのん》な幼いころの心象風景でもあり、浮遊する現代人にとって、大地とはっきりと繋《つな》がったへその緒のようなものでもある。

最近、日本で生まれ育った若い世代の同胞の中には、ハラボジ（祖父）の故郷《コヒャン》すら知らない人たちが増えており、故郷という言葉自体が無くなってきているように思える。

サンフランシスコの街角で、「日本で生まれたのに、なんで朝鮮人なんだ？」と、いぶかしがられた。故郷を捨ててソウルに来たソウル人は、「ソウル生まれの故郷はソウルさ」と言う。年に一、二度、盆、正月には訪ねても、二度と帰ろうとはしない故郷。だから、在日朝鮮人にとって、故郷は、いっそう独特なものである。物心ついてから、「故郷はどちらですか？」と聞かれると、私は、「忠清南道青陽《チョンヤン》です」と答えたものだ。そのころは、生まれ育った京都を離れたこともなかったし、ましてや青陽なんて皆目見当がつかなかった。それでも、幼いころから、「故郷は青陽」と聞かされてきた私には、それ以外にありえなかった。

植民地時代に故郷から引き剝がされて日本に渡ったわれわれの祖先にとって、日本は他郷《タヒャン》であって、故郷《コヒャン》ではなかった。故郷を奪われてさまよう、世界史の中の多くの民族たちにとって、故郷とは実際に自分が生まれ育ったところというよりは、自分を疎外し抑圧する現状に対するアンチ・テーゼとして、回復されなければならない権利として、ユートピアとして、心に深く沈殿する共同の記憶なのだ。分断され踏みひしゃげられた朝鮮半島、不当に奪われた大地、いつかは取り戻し、撫《な》でさすり治癒せねばならないところ。それが、「奪われた者」としての私の故郷なのだ。だから在日同胞にとって、いまも故郷は朝鮮半島なのだ。

◈◈◈ 朝鮮、韓国、コリア

大学で教えていると同胞学生に会うことが多い。時たま、「朝鮮人ですか?」と聞くと、不快げに顔を赤らめ、「違います。韓国人です」と、答える学生がよくいるのには驚かされる。「それって、同じだろう」。

分断時代の反共国家「韓国」の学生ならいざ知らず、れっきとした在日朝鮮人が、である。「ああ、朝鮮《チョソン》という言葉は、こんなに左前になって、蔑まれるようになったのか」という悲哀がわき上がり、胸にぐさりと痛みが走る。

私の幼いころは、家では、みな、「チョソン」「チョソンサラム」だった。おそらく朝鮮王朝時代から数百年も、われわれ民草はそう言ってきたのだろう。朝鮮半島が分断され、朝鮮と韓国がお互いに反目し、タブー視され、在日朝鮮人社会に「韓国」が割り込んできた。冷戦下でベトナム戦争を強行するアメリカは、日韓を反共「盟友」として結束させるために日韓条約締結を急がせた。それから、韓国と日本の関係が緊密になり、韓国が「市場経済」の世界支配の波に乗り、韓国政府が同胞社会に絶え間なく「韓国」を強要するにつれて、日本における韓国の存在感は大きくなった。その間、在日同胞社会では、朝鮮と韓国が正統性をあらそい、せめぎあい、しのぎを削り、ついには疲れ果て、「コリア」にしようかという人たちも現れたりした。何のことはない、英語にすれば、みんな高麗を語源とするＫＯＲＥＡ（ＣＯＲＥＡ）である。いまや、韓国では、南北共同宣言を契機に和解と協力の雰囲気が高まり、朝鮮をタブー視する傾向は弱まったというのに。

在日同胞社会で朝鮮を忌避し、「韓国」「コリア」「在日」などが幅をきかす理由には、ソ連の自壊以後、アメリカの一国覇権の登場という国際的な力の関係が反映されている。そこから、90年代に激しくなった朝鮮バッシングの中で、止めどなくたれ流された日本メディアの「ならず者国家、朝鮮」が在日朝鮮人にも植えこまれ、「朝鮮」は人目をはばかる言葉になった。しかし、朝鮮をできるだけ隠そうとするのは、日本の非正常さに対する迎合・おもねりであり、屈従であるとしか思えない。また、朝鮮を劣等視する意識は、「美しい国、日本」の歴史意識とも符合するものである。いうならば、「朝鮮」という言葉に対する抑圧とタブーには、植民地意識と反共・分断意識と支配の論理がにじんでいる。

人権が、そして人としての尊厳の主張が、「抑圧され、奪われた者の叫び」であるとするなら、「朝鮮」が日本において抑圧され、憎まれ、蔑《さげす》まれる限り、韓国でも、コリアでもない、「朝鮮」を言い続ける理由はあると考える。「朝鮮」という言葉は解放されなければならない。

◇◇◇ 在日

正門を出て歩いているとき、私の授業に顔を出している社会人学生のHさんに出会った。私について歩き出した彼女は、ひと渡りあたりを見渡してから、口元に手をかざし、耳元で「センセー、実は、私もザイニチですねん」と、声を潜めた。「ザイニチ」という粘着質の響きが濃い化粧品の臭いとともにべったりと横顔にまつわりついた。顔を背けながら、しばらくして、「ザイニチ？」、「ああ、在日」のことなんだと気づいた。

出獄して、20年ぶりに日本にもどって驚いた。在日朝鮮人が「在日」と呼ばれるようになり、在日論が書店の店頭を埋め、「在日」は最も安直に便利に使われる言葉のひとつになった。

「在日は…70年代後半以降、主に朝鮮、韓国という国籍の違いを超えて、在日朝鮮人を総称するだけでなく、とりわけ、若い世代の生き方を示す一定の思想やイデオロギー（として）…人間解放への熱い思いが横たわっている」と、尹健次《ユンゴンチャ》氏は前向きだ。また、福岡安則氏は「祖国（統一）指向」と「在日（定住・帰化）指向」に二分して、世代交代が進むにつれて、帰るべき故郷が意識されなくなり、在日指向が強まると分析する。

一世の故郷の記憶も薄れ、二世の祖国への失意をへて、故郷や祖国に無関心な三、四世が登場し、「コリアン・ジャパニーズ」の響きがかっこいいと思う若者、帰化・同化の当然とする人、「祖国は日本」という主張、即時無条件の日本国籍回復論、日本国政参政権獲得運動まで、多文化共生や人権の美名の下に、「在日」は日本国民国家へとなだれを打っている。「在日」とは、つまりは日本のことなのだ。

確かに「在日」なら、「朝鮮」を使わなくても済むし、「朝鮮か、韓国か」と悩む必要もない。朝鮮と言いたくない朝鮮人だけでなく、朝鮮人と向き合うと「あちらの方」「向こうの方」などと湾曲語法をまさぐりながら、惑《とまど》ってしまう日本人にも重宝される。また、若者たちは、重い歴史を背負った「朝鮮」より、在日という「軽み」を好み、何よりも経済大国日本に住む「在日」は、５００万海外同胞の中で、おそらく最も経済的にめぐまれている。

より安楽な生活を求めて、貧しい朝鮮に背を向け、在日を指向するのは人情の常だ。それは易《やす》きに就き、利に走る人間の性《さが》であり、「人間解放への熱い思いが横たわっている」といった高邁《こうまい》な精神世界とは、全く別ものである。率直に言って朝鮮の生活水準が日本よりも高くなれば、民草は、また朝鮮を指向するにちがいない。

それにしても、「在日」という言葉はうさん臭い。日本には、朝鮮人だけでなく、中国人も、フィリピン人も、アメリカ人もいる。「在日」は朝鮮人の代名詞でも独占物でもなかろう。次に、朝鮮が日本で嫌われているから、朝鮮人から逃げているのではないか。逃げてはいけない。堂々とその運命を正面から引き受けるのが、尊厳ある人というものだ。なによりも、「祖国」と「在日」を対立させ、在日朝鮮人を祖国から切断しようとする二分法は間違っている。私たち民族はかつて亡国の悲哀を味わった。今も、祖国・民族の運命と海外同胞の運命は強くつながっている。

私は「在日」よりも「朝鮮人」に軸足を置く在日朝鮮人でありたい。なぜなら、たとえ日本で暮らすにしても、その日本こそが、私たちが精神的に、歴史的に乗り越えねばならないものであるからだ。そして、なによりも苦難の歴史の中で大きな犠牲を支払って一歩ずつ前進してき朝鮮民族の未来を信じるからだ。

日本で定住することもあるだろう。だからと言って、閉塞した日本に小さくなって自らを閉じ込めることはない。朝鮮半島、東アジア、世界を往来しながら、南北、海外の朝鮮同胞と手をたずさえ、自分の能力をいっぱいに花開かす在日朝鮮人になればいい。

◈ 多文化共生社会――花園か水槽か

多文化共生社会を「いろんな花が咲いて美しい花園」に例えたりするが、むしろ、さまざまな魚が閉じ込められた水槽ではないか。

多文化共生社会とは「国籍（人種）や言語、文化の差異を認め合い、さまざまな生き方が共に存在する社会」とされる。しかし、サラダボウルに例えられる多文化多人種国家、アメリカは、金持ちと貧乏人、白人、黒人、アジア人とメキシコ人、それぞれが目に見えない壁で仕切られて別々に暮らしている「棲み分け社会」である。模範的な多文化共生社会だとされるカナダも、フランス文化やカナダ先住民との緊張関係が伏流している。

戦後、単一民族国家を自負してきた日本でも、70、80年代の国際化の波におそわれ、外国人の流入や外国との交流が激増する中で、民族差別に反対する権利闘争が高まり、多文化共生が叫ばれるようになった。今日においては、共生は政府のお墨付きになり、内閣府に共生社会政策統括官が置かれ、各地に多文化共生を掲げる各種の団体・機関がある。

共生の名の下に多少なりとも差別がなくなったと、すなおに喜ぶ人もいるが、私のようなへソ曲りの老人には、朝鮮人への迫害が止むことのない社会で横行している「多文化共生」という言葉はマヤカシでしかないように思える。

共生とは、生態学で「複数種の生物が相互関係を持ちつつ同所的に生活している状態」だというが、そこに相利共生や片利共生、一方的寄生など、さまざまな関係性がある。つまり、共生という言葉は、単純に、ある環境に複数の生物が同時に居るということで、その環境自体の性格や、そこに住む生物の関係性を考える社会科学的な視点は排除されている。また、その環境（日本国家）がどのように作られてきたのか、なぜその生物（朝鮮人）がそこに住んでいるのかという歴史的観点が抜け落ちている。

日本はかつて多民族国家だった。戦前の「多民族帝国日本」は、その侵略の跡をたどって、北海道のアイヌ、沖縄のウチナンチュー、台湾人、朝鮮人などを「天皇の赤子」としてその版図に収め、それらの民族にはそれぞれ民族衣装を着せて、１９０３年大阪の勧業博覧会の「学術人類館」に見世物として展示された。

問題は単一民族国家か、多民族国家かではない。その外枠である国家の性格と内実にある。最近、日本は閉鎖性と排外性をますます強め、グローバル化の波の中で、ますます貪欲に外国人の労働力や知的資源の搾取に走っている。

そもそも日本の植民地支配の性格は、「同化」と「差別」の同時進行であった。今日、もてはやされている「多文化共生」も明らかに、外国人の日本の政治・文化への同化を圧迫し、それに対する抵抗は容赦なく排除する差別的同化主義と同義語である。つまり、一部少数者を日本国に同化させて取り込み、その他大勢を排除するための美辞麗句になっている。

以前、帝政ロシア時代のシベリアを「民族の監獄」と言った。最近、「多文化共生社会」日本で、酸素が欠乏した水槽に捕らえられた魚のような息苦しさを感じるのだが。

◇◇◇ 通　名

A町のアジュモニ（おばさん）が亡くなったのはもう10年前になる。解放後、1人で故郷に帰ったアジュモニは、朝鮮戦争のだいぶ後に密航船で日本に戻ってきた。それから、日本語もままならず、子どももいないアジュモニは、3児をもうけて本妻然と暮らす日本人女性の本宅の近くにアパートを借りて、寂しくジメジメと日本の日かげで生きて亡くなった。そして、日ごろ疎遠で不仲な親戚たちが細々と形ばかりの葬式に集まった。

間違いなく朝鮮人が集まっているのに、全部、通名だ。神妙に本名をぶら下げた私を、イモ（おばさん）は、「勝《まさる》ちゃん。なんでわざわざ朝鮮の名前なんか使ってるのん。世の中、丸くかしこく暮らしたらええねん」と、たしなめた。テープから、だらだらとお経が流れると、葬儀社の職員が名前を読みあげ、焼香が始まった。司会は、「山本健太さま。ご焼香」と、おじさんの通名を読み上げた、すると、イモは「まあ、人の名前まちごうて、失礼やわ！　健太郎やのに‼」と、柳眉《りゅうび》をつり上げて、おじさんに耳打ちする。「へぇー。世の中、逆さまや。間違うとるのはそれやないやろ」。暗然とした怒りがこみあげた。

名前なんて、しょせん符号だとも言う人もいる。長いものに巻かれて、ヘラヘラと世渡りするのが得なのかもしれない。でも、本名がこんなにジャマモノ扱いされ、通名が幅をきかせるのは、不条理というものだ。通名の前で肩身狭く縮こまっている本名と一緒くたになって、本当の「自分」が塵芥《ゴミ》にまみれている。

これも10年ほど前の話だ。H市での講演が終わって壇上から降りてくると、日本の小学校の先生が、「お話があるんです」と声をかけてくれた。6年生の社会科の時間に、「日本は朝鮮を植民地にして、国を奪い、宝を奪い、創氏改名やいうて、朝鮮の人の名前まで奪ってたんや。ここにいる金本君のほんまの名前は金君や」と教えたところ、その日の午後、親が「ようも、人の前で、子どものこと朝鮮人やてばらしてくれたな！」と、まっ青になって学校に怒鳴り込んできたという。おまけに、進歩を自称する職員組合の一部日本人の教員まで一緒になって、「人権侵害や」と息巻いて、大阪法務局に人権救済の申し立てまでしたというではないか。

ニセモノをホンモノとして強要され、その偽物こそが本当の自分だと思いこむようになってしまった、恐ろしい「自虐的」倒錯に目の前が真っ暗になる。

そもそも人権をいうなら、本名を奪われて、日本式の通名を強いられ、それを当たり前だと思いこまされてきた人権侵害をどうするのか。とてつもない歴史的人権侵害を犯した帝国日本の中枢の末裔が総理になり、今日もあらゆる口実と手段で、在日朝鮮人を迫害しているではないか。

区役所の窓口で書類を出すと、「通名は？」といわれて、「ありませんねん」と恐縮する。「お名前は？」と聞かれて、「ソーです」。「そう？？」と言う。馬鹿みたいに「はい、ソーです」と答える。

◈「ウリマル」①

人間だれしも二度と思い出したくもない恥辱や失敗を経験するものだ。月ノ輪署の刑事室だったと思う。刑事の一人は白髪まじりの古手で、もう一人はまだ20代とおぼしき敏捷《はしっこ》そうな刑事だった。外事課のベテラン刑事にとって、大学新入生のひよっ子なんぞは、赤子の手をねじるようなもんだろう。戦前、ピョンヤンで刑事だったという古株が、せせら笑いながら、「モントングリって知ってるかい？　ふーん、朝鮮語も知らねえのか」と、うなだれている私の顔をのぞきこんだ。幼稚園から大学まで、日本の学校しか行ったことのない私は、消え入るような声で、「わかりません」と、ふるえた。すると、刑事は二人して、腹をよじり、涙を流しながら笑い咆《ほ》たけるではないか。

大学に入る間もなく、芝プリンス・ホテルに投宿していた李東元《イドンウォン》当時の韓国外務長官に「屈辱外交反対」のデモをかけた。私服だらけのホテルの周りを、ポケットに生卵をしのばせ、うろうろしているうちに外国人登録証不携帯でパクられた。その時、私は、刑事の言うとおり、モントングリ（間抜け、うすのろ）そのものだった。そこで、日帝の刑事が戦後もそのまま公安や外事警察に居座って、在日朝鮮人や韓国からの難民（密航者）を弾圧する、血を吹く生傷のような歴史の切断面を見た。

頭でっかちで、いっぱし理屈をふりまわしていた私は、自分自身を知ること、そのためには、ウリマルと歴史（自分がどこから来て、どこに行くのか）を知ることの重要性を思い知らされた。そのために、手探りで祖国への道を歩んで、私は、また歴史の大波に呑み込まれることになったのだが……。

昔の人は、言霊《ことだま》と言った。「太初に言葉があった」とも言った。朝鮮語に限ったことではないが、言葉は、ひとの生活そのものである。言葉は、人間の血と汗と涙と笑いと怒り、生まれ来て消え去っていく生命のすべての行為と、思考の無数の重なりと繋がりである。知れば知るほど、ウリマルの言葉の襞《ひだ》ごとに、朝鮮の風土と暮らしの匂いをますます感じるのだ。

80、90年代になって、在日朝鮮人の若者のエネルギーは、日本の中に閉じ込められることを拒み、再入国許可書だけでアメリカやヨーロッパにあふれ出していた。90年代初め、カリフォルニア大学のバークレーにいた頃、朝鮮大学校を出たばかりの学生が訪ねてきた。反抗心あふれた生意気そうな女の子だった。あれこれ話すうちに、「型にはまって面白くなかった」「同じ話ばかりでうんざりだ」と、辛らつに民族教育を批判した。「そう、じゃあ、好いとこなしだね」と言うと、「朝鮮学校でウリマルを習ったことに感謝している」と、跳ねっ返りがキラキラと笑った。朝鮮の歴史や生活や心がいっぱいに詰まっているウリマルの滋養を吸い上げ、この子は育ってゆくんだ。

◇◇◇「ウリマル」②

朝鮮語を学ぼうとする学生たちが急増したのは、日本で「ルックコリア（コリアに学ぼう）」の風潮があらわれた１９９０年代以降のことだ。韓国に留学し、在日同胞よりもはるかに流ちょうな朝鮮語を使う日本の若者に出会って驚くこともある。そんな時には、「言葉は民族の魂であり、生活であり、歴史である」と説く私は困惑することもある。

その上、最近、韓流ブームで、おばさん族のなかで韓国語の学習熱がひときわ高い。いずれにしても、近代以来、東アジアで西欧の文化だけが一方通行し、西欧文化の模倣に努めた日本文化が東アジアを圧倒する時代から、韓流や漢流が文化的逆流を起こしている新しい時代への変遷を感じる。そこには、朝鮮語を流行やコミュニケーションの道具としてだけではなく、日本が失ったもの、日本に欠落しているもの、近代以降、東アジアを蹂躙した日本の鏡像を朝鮮に求めようとする日本人の真摯な営みもあらわれている。

私が、ラムジー・リムと会ったのは、もう15年ばかり前のことだ。ボストン・カレッジの心理学の教授であるラムジーの父、林昌榮《イムチャンヨン》先生は、１９６０年4月、独裁者李承晩《イスンマン》を打倒した学生蜂起の後、駐米韓国大使になったが、軍事クーデターを起こした朴正熙《パクチョンヒ》政府への服従を拒んで、亡命を余儀なくされた。その息子、ラムジーとポールはアメリカで教育を受け、朝鮮語を学ぶ機会を得られなかったが、烈々たる愛族心を秘めた在米同胞だった。

私がカリフォルニア大学に客員研究員として訪れた1991年に、バークレーで第1回の「統一フォーラム」が開催された。朝鮮半島の統一を論じるフォーラムは、バークレーの韓国人学生と地域の活動家が中心になって、南北双方から、李泳禧《リヨンヒ》、韓明淑《ハンミョンスク》、朴英洙《パクヨンス》など著名な人士を招いて開催された。当時、日本でも、国家保安法が猛威をふるっていた韓国でも、開催が難しい画期的な企画だった。それを推進したのがリム兄弟であった。

言葉は疎通の道具であるが、なによりも、その言葉を使用する母集団の生活と歴史の抽象と具象である。ナラマル（国語）とも、道具としての朝鮮語とも違い、ウリマルは「我語」とでも訳すことができる。抑圧され、さげすまれた「われ、我々」を意識することから、言葉は道具ではない生命となる。道具としての言葉を使えなくても、人は自らの運命と使命を深く意識することもできると、時々、考えたりする。

昨年末、ソウルで会った、細身で聡明そうなラムジーの長女、月山《ウォルサン》は、たどたどしいウリマルで、「アメリカで博士号を取った後、研究を進めるために韓国にわたって、いまは韓米FTA（自由貿易協定）反対運動に身を投じている」と語った。そこにラムジーの魂の脈流を見た。

◈◈◈「ウリマル」③

うちに双子の娘がいる。彼女らは遺伝子の中にウリマルを受け継いでいるはずだ。だが、大学を出てから習いはじめた自分のウリマルの拙《つたな》さを承知しているので、できれば、幼い頃からウリマルを体で覚えさせたいと思っている。家でもウリマル常用に努めているが、彼女たちは、毎年、夏になると韓国の山奥のハルメ（おばあちゃん）のもとで生活する。家の前の川を渡って、おっとりした赤松の小山にふわりと抱きしめられた生徒20名ほどの小学校に毎年、1ヵ月ほど通っている。韓国の学校は日本の学校より、一と月ほど早く始まるので、時差を利用して日本と韓国で学校を二つ通っているのだ。

R教授は、アメリカの大学から立命館大学に家族ごと移ってきて、アメリカでの二重言語の生活から、日本語が加わり三重言語生活をすることになった。癇の高い男の子は混乱し失語症になり、R教授は家族を韓国に帰して単身赴任生活をするはめになった。カナダで英語生活を経験したうちの娘たちにも他人事ではないが、けっこう楽しくやっているようなので安心していた。

だが、韓国で小学に入った、ある日、小粒で山椒のようにピリピリと勝ち気な下の子がウリマルの試験で60点をもらってきて、ハルメにしかられた。ところが、しょげるどころか、「ウリマルなんか勉強しても、嵐山に帰れば韓国人と言われるだけだから、勉強しなくてもいい！」と、ハルメに逆らった。

嵐山の小学校でも韓流の影響か、「韓国語もできて良いね」とか「韓国語教えて」とか言われて、私の幼い頃よりは格段に「国際理解」がすすんだと思っていた。だが、ある日、5年生の男の子に「韓国人」といじめられて、新入生のひよっこだが自尊心の高い娘は、「はげ坊主！　おっさん、なんや！」と、けなげにも一歩も引かずに張りあったというが、心に傷を残していたらしい。

日本の「国際理解」は、欧米には追従《ついしょう》笑い、アジアにはしかめっ面の二面相である。ましてや、朝鮮への蔑視と憎悪はぷんぷんと悪臭を発している。こんな環境の中で、二つの言語世界を暮らすこと、在日朝鮮人世界までを併せると、三つの文化のなかで暮らすことは、大きな荷物になりかねない。

いつだったか、つかこうへいの『娘に語る祖国』をぱらぱら見ていると、「安らかな娘の寝顔を見ていると、この子に自分のような苦労はさせたくない」という思いから、帰化を決心したという件《くだり》に出会った。世にこれを親心というのかもしれない。

しかし、子供が大きくなったときに親が勝手に国籍を変えた「幼児洗礼」を恨みはしまいか。子供の運命を勝手に変えるのは親の横暴と言うものだ。そのまま、与えられた運命の中で道を切り開いてゆく人間こそが美しい。歯ごたえのないファストフードに慣れ親しんであごが退化し、ノッペリした当世の日本の若者の顔より、頬骨とエラがすっきりと線をかく大陸の風貌が美しい。

真綿で首をしめられるように日本の曖昧な文化の中で摩滅するよりは、摩擦と矛盾の中で、削られ打たれて、元気はつらつ、たくましく大きくなれという親心こそが必要なのではないか。

◇◇◇ ウリハッキョ

札幌の朝鮮学校を舞台にした映画「ウリハッキョ」(われらの学校)が、韓国でドキュメンタリー映画としては記録的な5万の観客を動員した。異国で民族の心を守り続けようとする、けなげな子どもたちの姿が感動を呼んだ。韓国で「禁断の地」であった朝鮮学校の日常をありのまま映しだしたところに関心が集まった。

韓国の監督が朝鮮学校の映画を作り、韓国で大ヒットするなど、一昔前には考えつかなかったことだ。「統一時代」の幕開けを象徴している。2001年から、後に金明俊《キムミョンジュン》監督の妻となる故・趙恩聆《チョウンリョン》監督が朝鮮学校の映像を撮りはじめた。その3年後、新婚6ヵ月にして事故死した彼女の遺志をついで、金監督は朝鮮学校で先生・学生たちと寝食を共にしながら映画を完成させた。

安倍政府や石原都政の常軌を逸した朝鮮バッシングや食糧危機で苦しむ「祖国」の困窮、拉致問題の影響を受けた在日同胞社会の萎縮で、学生離れ、財政難、学校を支える在日同胞社会の劣化・分裂などが現れ、「ウリハッキョ」は曲がり角に立っている。

2000年南北共同宣言の後、朝鮮学校が門戸開放して、韓国からの多くの訪問者が朝鮮学校を訪れた。数年前に50人ほどの韓国からの訪問者と共に東大阪朝鮮中級学校を訪れた。「一人一芸」を目指して練習にはげむ子どもたちの姿から、日本のなかで精一杯に自己主張をして生きてゆく朝鮮学校の緊張感が伝わってきた。最後に、子どもたちが日ごろ磨いた歌や踊りを披露してくれた。韓国の老学者たちは、顔を覆うすべもなく、鶏糞《タットン》のような大粒の涙をとめどなく流した。植民地支配と分断の中で数限りなくへてきた民族の辛酸が一度にフラッシュバックして、民族の生き方をけなげに守る子どもたちの姿と重なりあったのだ。公演が終わると、大歓声の中で子どもたちに駆け寄り熱く抱きしめた。

その姿は美しい。それに「一人は皆のために、皆は一人のために」という共同体教育を実践する朝鮮学校は、「競争と効率」だけを追求する市場経済社会の中で存在する稀有な「代案教育」でもある。日本もそうだが、韓国の異様な教育熱は子どもたちを、非人間的な競争と効率の論理の中に投げ込んで、子どもをいじめぬいて疎外し、社会を切り裂いている。そこで「代案教育」「共同体教育」が注目され、代案学校（フリー・スクール）が急増している。

ところで、最近、「越境人」をうたい文句に旗揚げした、コリア国際学院が同胞社会に波紋を投じている。グローバル化や情報化に対応し、英語と朝鮮語ができ、一流大学に進む「進学校」の性格も兼備しようというものだ。弁慶と丹下左膳と宮本武蔵を合わせたような怪物をつくろうというのだ。つまりは、競争に勝ち抜くエリート学校を目指すというのだが、アメリカが主導するグローバル化にコードをあわせようとして英語重視、機械的な詰めこみを重視し、教育現場での人間教育の荒廃が進む韓国で、すでに破綻したエリート教育。その後追いをして、人間らしい未来を開く同胞教育が展望できるというのだろうか。

◈◈◈ 私たちの願いは統一

京都の安井小学校のうす暗い講堂でアボジ（父）の手にすがりついて朝鮮戦争のニュースを見たのは、幼稚園に上がる前だった。そこでは、アメリカのジェット機が機銃掃射を繰り返し、人々は荷物を担いで逃げまどっていた。民族が分かれて争っていることをぼんやり意識した。その後、しだいに事の重大さが分かるようになった。在日同胞が直面していた貧困、差別、無権利の状態は、民族の分断によると認識されていた。

つまり、在日朝鮮人社会では、日帝下の「亡国の民の悲しみ」が終わっていなかった。だからこそ在日同胞に烈火のような「祖国統一」への熱望があり、社会主義祖国の未来を展望し、統一という迫り来る「歴史的大事変」に備え、奮闘した。しかし大事変は到来せず、分断半世紀を経て、在日同胞は失望し、挫折し、徒労感を募らせていった。その頃、ソ連の一人負けによる世界的な「冷戦体制の崩壊」、韓国の民主化と統一運動の高揚、共和国の統一第一主義などが複合して、歴史的な２０００年南北頂上会談が実現し、「6・15時代」の幕が切って落とされた。

10月2日に盧武鉉《ノムヒョン》大統領がピョンヤンを訪問して、第2回南北首脳会談が行われる。朝米関係と6者協議の急進展を背景に、今回の頂上会談では、朝鮮半島非核化および朝鮮戦争の公式終結＝朝鮮半島平和体制構築が最優先の課題とされているが、この問題は当事者であるアメリカと最終決着せざるをえない。２００7年10月、盧大統領ピョンヤン訪問の合意書では、一．朝鮮半島の平和、二．民族の共同繁栄、三．祖国統一が議題としてあがっており、まず戦争再発の防止と平和の確保、次に南北経済の有機的結合と北の経済状況の改善、それから最後に統一ができているのに注目する。10月30日、立命館大学で講演予定の金《キム》大《デ》中《ジュン》氏も「統一は決して拙速ではならない」と言う。烈火のような統一への願いからすると、悠長な話だと思うだろう。

しかし、「統一時代」はすでに始まった。文《ムン》益《イク》煥《ファン》牧師は１９８９年、ピョンヤンで「私たちはすでに統一しました」と言った。白《ペク》楽《ナク》晴《チョン》6・15共同宣言実践委員会南側代表は「〈6・15時代〉を〈統一時代〉と呼ぶのは、朝鮮半島分断体制を克服することが長期的・漸進的過程であるだけに、世界的に類例のない特異な過程であるためだ」と指摘し、「このように目くじら立てずに、モゴモゴと進展する過程こそが朝鮮半島式統一の固有な属性であり、その内容だ」と主張する。

はっきりと姿を現さない統一に在日同胞はいらだち、あるいはあきらめ、戸惑っているかもしれない。生活・心情において、多分に日本に同一化している「在日」は、「私ら祖国統一と何の関係があるのん?」と無関心であるか、統一に敵意すら持つかもしれない。しかし統一は人間らしい世界の実現を望むすべての人々にとって必要善である。この「統一時代」に南北海外の同胞が、みんなで、わいわいがやがやと気長につきあううちに、いつか平和統一が醸しだされると信じている。

◇◇◇ 土に帰る

嵐山の渡月橋から奥嵯峨の小径をゆったりと小一時間ばかり歩くと、愛宕《あたご》山の懐に抱かれた化野《あだしの》念仏寺が現われる。両親は生前、折にふれ散策し、心に留めておいた念仏寺を終《つい》の棲家《すみか》と定めた。

5歳で日本に渡って、生涯、故郷にもほとんどなじみが無かった二人にとって、住みなれた嵐山がよかったのだろう。そもそも念仏寺は千年の昔、京都の西の涯てにうち捨てられた無名仏を供養した所だった。宗派も立てずに供養には差別が無いそうな。だから、墓域には朝鮮人の名前が多く見られる。両親は、ふさわしいところを選んだのかも知れない。しかし日本にある同胞の墓前にたたずむと、異境に孤絶した寂しさを感じるものだ。

私も何時しか両親が亡くなった歳を越してしまい、人生の幕引きを準備する時が近づいた。ひとは生まれ、やがて土に帰る。復活の神話を信じるならともかく、思い出を人々の胸の中に残せばいいので、墓などは無用だと思って暮らしてきた。

最近、朴正熙《パクチョンヒ》暗殺事件の契機となった釜馬《プマ》事態（1979年10月）の主動者として収監され、大邱《テグ》監獄で出会った後輩の一周忌が釜山であった。釜山民主公園で追悼集会を終え、貸し切りバスで台風の中を統営《トンヨン》まで足をのばした。尹伊桑《ユンイサン》先生の生地、歌曲「カゴパ」で有名な統営の端正な海を見下ろす崖っぷちに、後輩は土に帰り、ひと株の泰山木となって枝を張っていた。

朝鮮では「身体髪膚受之父母。不敢壊損孝之始也（体は父母から頂いたものだから、大切にして損じないことが孝行の始まりですよ）」という儒教の教えに従い火葬を嫌って、土葬をする風習が長く続いてきた。しかし当節、韓国では地価の高騰もあって、死者も人口過剰で、ソウルなど都市では墓域の確保に頭を痛めている。そこへ環境との調和という考え方も強まり、自然葬、散骨、樹木葬などが流行りはじめた。つい先ほど亡くなった義母も灰にして寧越《ヨンウォル》の山の樹の根本に埋《い》けた。

死後のありようは自分が決めればいいのだが、死者の弔いと祭りは死んだ人のためにはせんないことで、生き残った者の故人への哀惜と追憶のために行われる。だが、死者を悪用する愚行も行われてきた。意に反して日本の軍神とされ、故郷にも帰れず靖国神社に虜《とら》われている二万余の朝鮮人がいる。天皇の赤子として戦争にかり出され、死してなお天皇への忠誠を強要されて、日本の侵略戦争を賛美する道具として利用され続けている。無惨なことだ。

望郷の思いを抱いて無念の死を遂げた祖霊を安らかに眠りに就かせるためには、侵略と抑圧のない世の中を実現し、祖霊を故郷に還すことが必要であろう。

灰になって、タンポポの綿毛のように風に乗って海を渡り、朝鮮の土に帰っていく夢を見た。

◇◇◇ オモニ（母）

「きょうも　ひねもす／朝鮮の女たちは着物を洗う、／水に浸して打ち／涙にぬらしては叩きして／今日も一日を／この川辺で着物を洗う、／それは異国人でもない　同じ朝鮮人の銃剣にさされて／殺された夫の上着であり、／今は獄舎につながれている息子の下着であり……」（『また栄山江』）。高校生のころ、日本人のN先生から教えられて、許南麒《ホナムギ》詩人に出会った。

詩人は『火縄銃の歌』でも、甲午《カボ》農民戦争から植民地時代、分断時代まで、民族の受難の時代に、涙を流しながら強靱に家族の生活を支え、朝鮮民族の誇りを守ってきたオモニを描いている。

私のオモニも歴史の重荷を背負って生涯を歩んだ。獄中の息子に面会するために、オモニは9年間、40数回も玄界灘を渡って、懸命に息子の命を支えてきた。そんなオモニに同情し、慰めあったのは家族を獄に囚われた韓国のオモニたちだ。だが、看守や役人などは、韓国の事情にうとく、息子を助けんがためにワラにでもすがりたいオモニを脅し、食い物にして、銀蠅のようにオモニにたかった。そういう目にあえばあうほど、オモニは歯を食いしばって踏ん張った。監獄の待合室で河のように流した涙を面会場で息子には見せることはなかった。「いつも自分が正しいと思うように、まっすぐに生きよ」と、励ましつづけてくれた。出入国書類や面会申請書を書くために、50を過ぎての手習いで、新聞を読むようにもなった。そして、ちょうど光州《クァンジュ》事件で血しぶく1980年5月20日、ガンに冒された子宮後壁動脈瘤がはじけて大出血して、京都の病院の一室で血の海の中息をひきとってしまった。

それから10年後の1990年、私はようやく釈放された。その直後、韓国の哲学者、金《キム》容沃《ヨンオク》先生は『新東亜《シンドンア》』に、私について「スパイにされることによって、スパイがスパイでなくなる偉大な転換をなした……徐々に勝つ人」と書いてくれた。オモニが去ってから、韓国は急速な変化をとげてきた。80、90年代の民族・民衆運動の急激な発展をへて、反共独裁政権の弾圧と呪縛から韓国民衆が解かれ、「ウリ民族」を発見していった。「アカ」のレッテルを貼られて獄死を覚悟していた私が大学教授として、韓国でも学術研究と過去清算運動の一翼を担うようになった。また、「6・15（南北共同宣言）時代」を迎え、今年の6月には、ソウルをへて2度目のピョンヤン訪問を果たした。驚くべき変化である。まだ「分断時代」の尾を引きずっているが、われわれは間違いなく「統一時代」への歩みを一歩一歩、進めてゆくだろう。

オモニは息子への最後の手紙で、「一人でもがんばって生きてゆくように」と、息子への尽きせぬ想いを残して逝ってしまった。「背中を伸ばして、しっかりせんと」と、息子の背骨をドンとたたいてくれたオモニ。

（月刊『イオ』２００７年１月号から12月号まで連載）

[2] 正体を明らかにせよ

◈◈◈ 奪われた自己を取り戻すために

歴史的には、在日朝鮮人は日本の朝鮮侵略・植民地支配によって作り出されたものだ。私は在日朝鮮人を「奪われた存在」と表現した。故郷を、土地を、家族を、財産を、名前や言葉、生活習慣までをも奪われたからだ。だから、解放後、在日同胞が奪われたものを取り戻そうとしたのは当然のことだ。故郷を、民族の文化や教育を回復しようとし、尊厳ある存在として生きようとしてきた。

私は「同化と差別」という日本の植民地支配政策によって奪われた自己を取り戻すために、言葉と歴史と文化を学ぼうと、韓国への留学の道を選んだ。そこで、アメリカの利益に奉仕する軍事独裁政権のもとで苦しむ多くの同胞の姿を目撃した。1945年の日本帝国主義の滅亡は東アジア民衆の解放をもたらすものと期待されたのが、人間としての自己実現の道が、アメリカの冷戦政策によって阻まれてきた。アメリカと軍事独裁政権の国家テロリズムによって、済州《チェジュ》4・3事件や朝鮮戦争前後の民間人虐殺、さらには光州《クァンジュ》民衆抗争にいたるまで無数の同胞の命が奪われてきた。獄中では、統一か分断か、民族自主か隷属かという先鋭な矛盾の真っ只中に身をおいてみて、抑圧と抵抗の構図がますますはっきりした。

獄中生活の前も後も、在日同胞社会を十分理解している自信はないが、「奪われた存在」である在日朝鮮人の歴史的性格に基本的な変化はないと思う。韓国で、「日本の手先」であった親日派の子孫は三代が栄え、独立運動の闘士の子孫は三代が貧困にあえぐ」と言われているように、戦犯国、日本は過去清算なしに世界の経済大国として繁栄し、分断された朝鮮民族は歴史の重荷にあえぐ、歴史の不条理を経験してきた。その中で、日本の繁栄に身をすり寄せて、「同化」という支配のワナに身を投じる在日同胞も増加してきた。

出獄して日本に戻ると、在日同胞の定住指向が強まっており、「在日指向」「祖国指向」と二分し、後者を時代遅れな存在とする考え方が台頭していた。60年代までの在日同胞運動が「故郷」に軸足を置いていたのは確かで、「統一が目前に迫っており、統一さえすれば全ての問題が解決し、在日同胞も故郷に錦を飾る」といった認識が風靡《ふうび》して、あらゆる日常的な欲求は「その日」のために犠牲にさせられていた面もあった。解放直後にも在日同胞の広範な権利闘争があったが、70年代に提起された権利闘争の視点は新鮮なものに映った。「革命的大事変」である統一に向けて全ての力量を集中するという方法は、目標の実現が長期化し、闘争の日常化が図られねばならない状況のなかで、息切れしがちだった。

◇◇◇「在日指向」と「祖国指向」

在日同胞運動は「日常」に根ざし、統一およびそれ以後を展望しなければならず、日本と朝鮮半島を同時にその連関性において見すえる観点が必要である。「在日指向」「祖国指向」という二分法的思考、しかも、一方を全く否定的に見る考え方には賛成できない。「在日指向」は正確には「日本指向」あるいは「同化指向」だと思う。「在日」を特殊・特権化したり、日本を祖国であると主張する「在日論」が登場したり、サンフランシスコ条約で一方的に奪われた日本国籍の無条件・即時回復を求める運動が展開されていることには驚かされた。

どのような人間であれ、人はそれぞれの存在理由と生きる権利をもっている。その多様な存在様式を認めなければならないというのが、今日の共通の認識である。だから、日本で暮らしていく朝鮮人がいても不思議はないし、彼らが自らの存在理由を見出そうとするのは、当然のことである。しかし、悲しいかな、現代の国際社会で大部分の人は主権国家の庇護を前提にして暮らしており、その主権国家を選択せざるをえない。難民のように主権国家の庇護が取り除かれた人は、荒野に放り出された赤子のように無力な存在なのである。近代以降、東アジアの民衆は、帝国主義列強に蹂躙《じゅうりん》され、「祖国をもたぬ民の悲しみ」をいやというほど実感してきた。在日同胞は現実的には日本に依拠せざるをえないのが悲劇だが、そのことの意味を知ろうともせず、平然と「在日」の席に居直っているのは、喜劇的ですらある。

私は正体不明の「在日」という言い方が嫌いだ。日本にいるのは朝鮮人だけではないので、在日朝鮮人として、はっきりと正体を明かすべきだ。「在日」という言い方には、民族的アイデンティティを薄めたり、消滅させたりしたいというコンプレックスがひそんでおり、朝鮮人と言いたくないから、言われたくないから、在日同胞と日本人の両者が「在日」という正体を抹消した曖昧な語法を使っているように思える。「朝鮮人」という言葉にまつわる居心地の悪い、支配と被支配の記憶や都合の悪い真実を、「朝鮮人」とともに葬りさり、やすらかに「在日」で居たいからなのだろう。

「在日論」は、一見、「多文化多民族共生」をモットーに平等社会の創出をうたっているように見える。差別に反対して、多様な文化と人種・民族の平等を主張することは自然なことで、在日同胞の権利運動や指紋押捺拒否運動が築き上げた成果を評価したいと思う。ただし、「在日論」「多文化多民族共生論」も、主権国家を単位とする今日の国際政治のルールから自由ではなく、日本国家の枠組みを前提とした内に向かっての「共生」を主張するもので、外に向かっての排除の論理と表裏一体となっている。

本当の意味で、差別と抑圧に反対し、平等社会の出現を望むなら、現代世界の支配秩序自体に異議申し立てをするべきである。そこでは、在日同胞は誰よりも日本に対する厳しい批判者とならざるをえない。

一昨年（２００１年）、南アフリカのダーバンでの反人種主義国際会議で明らかになったように、欧米・日本などの覇権国家は、植民地支配と奴隷制の歴史的罪責を認めようとしなかった。現代社会の差別と支配の根源がそこにあるので、それを認めない限り、いかに「持てる国」が要塞化された国境の中で「多文化多民族共生」をとなえてみても空念仏に過ぎないのである。

「祖国指向」というのは、あたかも「祖国」だけしか考えていないような誤解を生みやすい言葉である。私は、朝鮮半島と日本・在日朝鮮人との連関の中で思考するということ、特に、近代以降、東アジアの抑圧者であった日本の立場にではなく、被抑圧の東アジア民衆の立場に身をおくことが在日同胞のとるべき立場であると考える。「祖国指向」という「レッテル貼り」は、「在日指向」と対比して「祖国」に否定的なイメージを付与し、在日同胞を朝鮮半島から切り離そうとする意図さえうかがえる。「祖国」は植民地になった朝鮮民族の希望であり、夢だった。解放後、分断され「祖国」概念は混乱し、歪曲され、利用されてきたが、にもかかわらず海外同胞たちにとっては、希望であり、拠り所だった。統一された祖国がどんなものか、未だに味わいもせず、あっさりと祖国を無用なものにし、お払い箱にしようというのは、理屈にも感情にも合わない。「祖国」を特定の権力の利用物にではなく、祖国を渇望してきた民衆の手に一度は戻すべきだ。そして我々同胞が心の奥底から解放の喜びに歓喜する日があってもいいだろう。

民族的アイデンティティとは

アイデンティティ（identity）とは、本物に間違いないか確認することである。「ある人が誰か、ある物が何か」ということを意味する英語で、日本では「自己同一性」「同一性」、中国では「認同」などと翻訳するが、韓国で使われている「正体性《チョンチェソン》」という訳語が一番ぴったりするようだ。「お前は一体、誰だ？」「お前の正体は何だ？」ということである。

人は、父であり、夫であり、会社員でありというふうにさまざまな正体性をもっている。民族的アイデンティティとは、自分がどの民族によって立つのかということだ。性的アイデンティティのように最近、論争の的になっているものもあるが、なぜ、民族（国民）的アイデンティティが問題になるのかと言えば、その他もろもろのアイデンティティは一国の政治・法制度の中で容認（公認）されうるのに対し、主権国家を単位とした現代の国際関係、あるいは強大な帝国が弱小な国家や民族を支配する世界システムの中で、国境を超える民族的アイデンティティは一国の政治・法制度の枠組では容認されにくいものだからなのである。

日本が経済的に豊かになるにつれ、在日朝鮮人の帰化趨勢が強まっている。また、日本政府も70年代以来、「ニューカマー」との防火壁を作るために、在日同胞を「取り込む」方向で政策転換を行い、「善良な外国人」を取り込んで、「犯罪的な外国人」に対峙させる方向で進んできた。そこで、在日同胞が、自分と祖国との関係性や、自分と東アジアとの歴史的関係性を考慮せず、二等国民に甘んじるなら、日本は居心地がいい所になるだろう。だから、「在日論」は、「民族的アイデンティティの喪失」というよりは、「日本国民アイデンティティ」へのすりより、あるいは同化と言ったほうが正しいのだろう。日本が、外に向けては日米安保条約という、核を含む強大な米国の軍事的保護の傘にすっぽりと包まれて、内向きの平和憲法を掲げていたころには、そのぬるま湯の中で「民族的アイデンティティ」が厳しく試されることは少なかったのかもしれない。しかし、最近とみに露骨になっている日本の極右化のなかで、「日の丸・君が代」の義務化のように、在日同胞が「日本民族アイデンティティ」の踏み絵を踏まされる機会が増大している。

アイデンティティの形成のためには、まず、自らをこの社会で異質な個性ある存在として意識し、その異質性の正体を追求すること。他者によって規定された自分の中身を埋めてゆき、それを自己実現の積極的な契機として発展させることが必要である。具体的には、自らを特権化せず、東アジア近代以降、苦しんできた民衆の後裔であることを自覚し、自らの正体を求めて、武器として、血として、肉として、魂として、朝鮮語、朝鮮の歴史、文化、政治、社会への果てしない探求を進めることが大切である。

日常生活の中で民族性の獲得をしていくのは大変なことだろう。しかし、一方において、朝鮮民族が江華島《カンファ》事件*以来、経験してきた百数十年のとてつもない苦難を想起し、他方において、英語やフランス語などの外国語を学ぶための費用と努力を考えると、決して不可能なことではないだろう。

＊1875年、日本海軍測量船「雲揚号」が、ソウルの喉元である江華島一帯を侵犯し、漢江を遡って、ソウルを脅かし、不平等条約を強要した。

◈ 在日同胞の役割

在日同胞が「南北を結ぶ」「辺境に立ちつくして、南北を仲介する」とか言う人もいるが、実際はそのような役割を果たしえた例は少なく、「6・15南北共同宣言」による南北和解・協力が進んでいる今日においては、ますますそのような役割は少なくなるだろう。反面、「統一時代」の幕開けで、「分断時代」に在日同胞社会にかけられた呪縛も解ける可能性が強まり、ビジネスや教育、学術、文化活動の地平線が南、北、海外へと急速に広がっており、各自の能力を花咲かせる舞台は広がった。

逆説的になるかもしれないが、在日同胞は朝鮮半島で失われつつある民族の純粋な魂を守り育ててきたという象徴性において、南北朝鮮同胞に影響を与えられるかもしれない。つまり、韓国から朝鮮学校に訪問した人たちは、一様に日本という元植民地宗主国で、あらゆる民族的差別と迫害を受けながら、自分たちの力で民族の言葉と文化と誇りを守り育ててきたこと、教師と父母、生徒が一丸となって、日本社会で児童の多様な可能性を開花させるために懸命になっている姿に深い感動を受けてきた。私は、ハンギョレ新聞（2002年9月24日）に「朝鮮学校は南北朝鮮全体の宝だ」と書いたことがあるが、おそらく、世界でも類のない民族教育だろう。それに、競争と個人主義を原理とする資本主義社会で、

「不登校」「落ちこぼれ」として疎外され消費されていく児童たちのために、「自由学校」や「代案学校」などが、次々と作り出されているが、朝鮮学校は「一人が全体のために、全体は一人のために」というスローガンの下に、「共同体教育」の優れた事例として注目を浴びている。

最後に、近代以降、東アジアの抑圧者として、またその共犯者として君臨してきた日本に居住しながら、在日同胞が自らの生活のなかでその抑圧性や暴力性を告発し暴露することが、民族史に果たす役割は大きいと考える。つまり、在日同胞が日本において頑強に朝鮮人として、日本に対する異議申し立て者として生きていくことこそが、自らの尊厳のある生き方を貫き、南北朝鮮と世界に広がる朝鮮人コミュニティに寄与していくことだと考える。

（月刊『イオ』２００４年10月号）

［3］私の解放、私たちの解放

今年（2005年）は、朝鮮民族が日本軍国主義のくびきから解放されて60年になる。60年というと、東洋では干支が一巡りし、還暦を迎える年だ。ひと昔前までは、赤子の姿に戻り、二巡目の人生の新しい門出を祝ったものだ。私の、私たちの解放を求めて60年。また初心に戻って、新たな「解放」へ向かって前進する出発点である。

私は、人生で三度の解放を経験した。最初は、生まれてまもなく、二度目は今から15年前、監獄から解放された時のことであった。三度目はピョンヤンで迎えた。

京都の山奥の周山（京北町：今は京都市右京区に編入された）で、「終戦」を迎えた時のことをオモニが回想している（『朝を見ることなく』呉己順さん追悼文集刊行委員会　社会思想社、世界教養文庫）。

――戦争が終わったのはどこで知ったんですか?

田んぼにいましたね。田んぼにいて、あまりの苦労のあまりに、うちの主人なんか稲の穂を持って泣いていました。

――日本が負けてどんな感じだったでしたか?

何ともおもわへんなんだね。なんやら、恐い恐いと言うてはったけど、私は『やれやれほっとした』と思うたわ。これからどうなるのやろうと不安もあったけど、もう、やれやれ…

アボジは徴用を逃れ全国を転々としていた。オモニは、3人の子どもとシアボジ(義父)、3人のシドンセン(義弟妹)の世話を焼きながら義務耕作である一町歩の稲作を一人で引き受けていた。その米は供出に、裏作の麦は地主に、家族はあぜに植えた豆と精米をした残りかすの小米とぬか、野草や木の葉で延命していた。「あまりの苦労」が実感されよう。ろくに食うや食わずで、オモニの乳房も涸れしぼみ、私は重湯や煎り豆を砕いたものでかろうじて細い命をつないで、「カッパの河太郎《がたろう》」のようにやせこけていたという。

戦争があと数ヵ月つづいていたなら、糠と豆、草木で延命していた私たち家族の命はロウソクのように燃えつきていただろう。まず、「終わった」「生きのびた」という安堵と解放感だったのだ。

真っ暗な果てのないトンネルを通りぬけた民族の解放。歓喜と至福の瞬間である。

> こどもも跳びはねてマンセー（万歳）／おとなも跳びはねてマンセー／犬のほえ声、鶏の声まで／マンセー　マンセー／山川もぴかぴか／草木もぴかぴか／お天とさままで、まっさらに輝き／べらぼうにご機嫌だ（碧初《ピョクチョ》　洪命熹《ホンミョンヒ》「涙まじりの歌」から　筆者訳）

1945年を日本では「終戦」の年とする。しかし世界史的には反ファシズム戦争勝利の年であり、ファシスト「枢軸」国家の一員である天皇制日本軍国主義が連合国に敗北した「敗戦」の年である。「終戦」という言葉には、戦争の主体と責任を懸命に薄めてごまかそうとする「曖昧な国、日本」の臭いがする。「大日本帝国」への陰湿な未練がプンプン臭う。「平和国家」日本では、最近、植民地支配、軍国主義を美化し、肯定する議論がふつふつと湧きだしている。再論するまでもなく、虐殺、投獄、徴用、強制連行、強制労働、学徒兵、日本軍「慰安婦」、供出、略奪・搾取、皇民化、創氏改名、国語（日本語）常用、神社参拝など、日帝の民族抹殺政策の暴虐と植民地支配下での同胞の塗炭の苦しみ、東アジア民衆の苦難は筆舌につくしがたい。にもかかわらず、日本の極右政治家は、日本軍国主義の殺戮・人間破壊の戦争犯罪をあけすけに肯定し、私たちを、いまもなお帝国の支配の記憶にしばりつけておこうとする。

例えば、靖国神社である。最近は「Ａ級戦犯の合祀と首相の公式参拝」が取りざたされているが、それだけが問題なのではない。靖国は宗教施設としての「神社」ではなく、陸・海軍省が管理していた軍事施設であることこそが、より本質的な問題なのだ。つまり、靖国は軍国主義賛美と戦争動員のための装置であり、「魂」の監獄として存在してきた。「おくに」のために「天皇陛下万歳！」と叫んで死んだ軍人をまつりあげ、皇軍兵士に「忠誠をつくせよ」「玉砕せよ」と叱咤する督戦装置である。そこで、死者たちは、死んでもなお軍役を解かれぬまま、皇軍の「幽霊部隊」として進軍させられている。

しかも日本の侵略戦争に動員されて殺された朝鮮人２万１０００余人の「霊」が、本人や遺族の許可もなしにそこに囚われている。朝鮮・台湾人の合祀取り下げの申し立てに対し、一度も日本人であったことのない朝鮮人に「戦死した当時は日本人だった」という加害の上塗りをする暴言を吐き、「天皇のご意志で祀られたものを遺族の意志で取り下げるわけにはいかない」と、軍国主義時代と同じく「天皇のご意志」をふりかざす。靖国の存在は、朝鮮人のみならず、台湾人、日本人が本当の解放を迎えていないこと、戦争と暴力の時代からいまだに解放されていないことを象徴している。

1945年、朝鮮民族は解放をむかえ、独立国家建設の期待にわきかえった。済州島から来たハルモニは語っている。「間もなく天皇さんのほうそうでした。戦争が終わったことです。皆さんは泣いていました……夢のようなほっとした気持ちで長かった5年間。数え切れない人命をなくし、その家族たちが流した涙はいつまでもいつまでも続くだろう。私は叫びたいほど嬉しく思いました。……たしか朝鮮人は独立させると言っていた。あの差別からかいほうされるんだろうか。朝鮮の国を認めることだろうか。そういうになれば、この喜びは私だけではない。朝鮮人、全人の喜びだ……」（皇甫任《ファンボイム》『十一月のほうせん花』径書房）

しかし強大国は朝鮮民族の主体性と独立を認めず、分割軍事占領した。解放された民、朝鮮民族に民族分断と冷戦という不条理がおそいかかった。この60年間、私たちは、「加害者が栄え、被害者が苦しむ」不条理に押しつぶされてきた。この不条理が、「世に正義は行われない」「正直者は馬鹿をみる」という敗北主義、虚無主義、機会主義を育ててきた。

１９６５年、「在日僑胞学生夏季学校」に参加して故郷を訪れた。ちょうど解放20年に当たる節目だった。韓国では民族解放という言葉をあまり使わず、主に光復《クアンボク》といっていた。光復は解放よりは受動的な語感をひびかせる。街中に光復という文字があふれかえっていた。１９４５年生まれは「解放童《ヘバンドン》」と呼ばれ、私は『東亜日報』の光復20周年特集のインタビューを受けた。

しかし、ソウルでは本当の解放は、影もかたちも見い出せなかった。朴正熙《パクチョンヒ》軍事独裁政権の下で、米兵が娼婦と腕を組んで闊歩し、「統一」は国家保安法・反共法で監獄に閉じ込められ、飢餓と貧困、不正と腐敗が蔓延《まんえん》していた。高麗《コリョ》大学校で、ソウル大学校で、「屈辱的韓日会談反対！」を叫ぶ学生たちに催涙弾をあびせかけ、装甲車を押したてた軍がキャンパスを占領する光景を目の当たりにした。日帝からの解放は、米軍の支配と李承晩・親日派の執権でおしつぶされた。済州４・３事件から光州民衆抗争まで、民衆たちの素朴な独立国家建設の夢、自主・平和・統一の願いを国家テロリズムが蹂躙し、１００万におよぶ民衆を虐殺した。

１９７０年代、朴正熙軍事独裁の絶頂であった「維新体制」下の韓国は「大きな監獄」といわれていた。学生、労働者、農民、ホワイトカラーなど、あらゆる人々が「大きな監獄」と「小さな監獄」を往来していた。「監獄」は恐怖でも、脅迫でもなく、日常と化した。だが、その中でも日常化しない「監獄の中の監獄」があった。非転向政治犯の「特別棟」だった。国家保安法や反共法で捕まった「アカ」は、並の囚人としてすら遇せられなかった。同じく権力の弾圧を受け投獄された学生・市民たちすらも、胸につけた真っ赤なプラスティック片の左翼囚標識を見て眼をそむけた。統一を、解放世界の実現を希求した政治犯は、70年代の韓国の監獄で、残忍無道な思想転向テロの嵐の中で孤立し、次々と倒れていった。生きのびることが最大の闘争であった暗黒の時代。

獄に37年間つながれていた台湾の元政治犯、林書揚《リンショヨウ》氏は、「台湾の監獄では、朝鮮戦争が始まると、日本製の手錠がアメリカ製の手錠に替わった」とのべている。朝鮮でも解放後、日本製の手錠がアメリカ製の手錠に替った。70年代後半から、反独裁運動で投獄された市民・学生・労働者は、われわれ非転向政治犯と同じ獄中同志としての同質性を確認し、アメリカの支配によって分断支配される民族の共通の運命にしだいに目覚めていった。独裁と監獄は偉大な教育者である。監獄は民族の誇り、人としての誇りをみなに教えてくれた。

思想転向制度との闘いは、民族分断との闘いであり、人間の尊厳回復のための闘いであった。アメリカの支持をうけた軍部独裁政権の光州市民に対する血なまぐさい虐殺と拷問は、韓国民衆を反米・自主・統一への闘いへと団結させ、そのうねりの中で、私は19

９０年に解放された。そして、私の解放は、２０００年の非転向長期囚たちの釈放、ピョンヤンへの帰郷へとつながっていった。私たち非転向政治犯の解放は、私たちが絶え間ない思想転向工作の恐怖と弾圧の地獄から「生きて日のめを見た」ことだけを意味するのではなく、非転向政治犯に対する認識の大転換を通じて、韓国の人々が分断意識から解放されたということであり、２０００年「南北共同宣言」で政治犯の釈放・帰還に合意することによって、南北の政治が対決構造から解放されたという意義を持つものだった。

三度目の解放はピョンヤンで迎えた。今年（２００５年）の6月、南北、海外同胞が一堂に会し、分断時代から統一時代への大変化を目の当たりにした。6・15共同宣言5周年記念民族統一大祝典は、肌にしみいる氷雨の中の民族大行進からはじまった。千里馬《チョンリマ》銅像から凱旋門まで、２キロの沿道に立ち並ぶ数万のピョンヤン市民、牡丹峰《モランボン》の金日成《キムイルソン》競技場での歓迎式典に雲集した10万のピョンヤン市民、そして私たちは、夕闇のなか雨にぬれそぼちながら、全身で「ウリキリ（私たちどうしで）」「反戦・平和」「統一」を叫んだ。その群衆の中に私はいた。

南北共同宣言が発表された時に私はソウルにいた。南の人々のすべての視線が一つになって、ピョンヤン空港に降り立った金大中《キムデジュン》大統領と金正日《キムジョンイル》委員長とが熱く抱擁する場面を注視した。天をぶち抜くような解放感が韓国全体をおおった。憎悪と対立、抑圧と非人間化の足かせをぶっちぎって、分断時代の壁を突き崩した。われわれの民族が極限の敵対を和解に転化させ、高らかに平和のメッセージをうたいあげた世界史的大事件であった。

最近、東北アジアにおける日本の孤立が浮き彫りになっている。過去清算を逃れ、軍事化と復古的国家主義、排外主義への回帰を強めている日本は、いまや孤立し、「冷戦の孤島」になりつつある。靖国神社をあがめ、南京大虐殺や強制連行、日本軍「慰安婦」の歴史的犯罪を否認すればするほど、「非正常の国」日本は世界の常識や普遍性から、ますます遠ざかっている。日本人はますます内向きになり、少しばかりの貯蓄に懸命にしがみつき、戦後日本の最大の資産である「平和主義」すらも捨て去ろうとしている。アメリカの尻馬に乗り、陳腐な冷戦的反共・反朝鮮感情を扇動して、朝鮮に対する「制裁」「先制攻撃」「核武装」を公言し、分断・冷戦時代の「盟友」韓国の支持をえようとしているが、時代の変化と歴史の方向をまったく理解しない愚劣な行動だというしかない。憎悪と戦争の扇動は、朝鮮半島では誰からも支持されず、南北同胞の「反日感情」をますます募らせるだけである。

その日本で暮らす朝鮮人は、くりかえし「白を黒と言い張る」圧倒的なメディアの憎悪と差別の呪術に洗脳され、日本社会の迫害にくじけて、「自虐的」になっていっているところもあるようだ。

先日も、とある集まりで隣に座った同胞は、北の政権の代弁者でもなんでもない私に、「拉致」「独裁」「世襲」「脱北」「人権」などと、日本の俗悪な週刊誌に出てくる荒唐無稽な主張をそのまま並べたてて、執拗にくいさがった。それぞれの問題には、それぞれの主張と立場があるだろう。しかし、その物言いは、「朝鮮人はどうしようもない」「朝鮮は狂気の国だ」といった、植民地時代からの一貫した日本人の主張を、これでもかこれでもかと自らの胸をたたきつけ、かきむしり、突き刺して、それに快感を感じているマゾヒズムそのものだった。

だが、その同胞が、心中、朝鮮を愛し、誇りある朝鮮人でありたいと思っていることが痛いほど伝わってきた。だからこそ、これでもかこれでもかと、日本人の暴言を自分にぶつけて、「そうあってほしくない」という思いとたたかわせているんだと感じた。私たち在日朝鮮人までもが、「冷戦の孤島」のなかに自分を閉じ込め、日本人のように縮こまる必要はないだろう。その間、解放の歓喜と感動を二度も三度も経験した朝鮮民族である。日本人が「朝鮮人」の存在をいかに否定しようとも、帝国の圧制に抗して闘ってきた歳月に河のように流した民族の血と涙と汗が朝鮮人の存在を証明している。

ジェネラル・シャーマン号を縄と網でからめとった民族は、誇り高く素手で帝国に立ちむかった。ぼろをまとい飢えと寒さに震えながら険峻な山脈を駆けめぐった若者たちが、反帝民族解放と人間解放の主体を打ちたてた。強大でごう慢である必要はない。弱く小さい者の方法で自らの道を切り拓いていけばよい。私たちは「大義なき勝利より、大義ある敗北」をいさぎよく引き受けて、小さなたたかいからはじめて、巨大な歴史の変化と究極の勝利を実現してきた。

だれが、この劇的な南北和解の時代を予想できただろうか。統一時代の到来で、すべての問題が一挙に解決するわけではないだろう。戦争と狂気の時代、冷戦と暴力の時代をのりこえて、世界史の普遍性に身を置いて平和と和解の「統一時代」を切り拓いてきた苦難の過程で鍛えられ試されたことが、より重要なことである。そこで、新たな「解放」へと前進していく精神と智恵をつちかってきた。朝鮮人はそのような苦難の克服の歴史に誇りを持ってもいいと思う。大きな可能性の開かれた解放の世界へと大きく翼をはばたく時だと思う。

（月刊『イオ』2005年5月号）

Ⅱ

私の歩いてきた道

——勝利よりは大義ある敗北を

●聞き手
康《カン》成《ソン》銀《ウン》
（朝鮮大学校教授）

——徐勝《ソスン》さんは、月刊『イオ』の２００５年5月号のなかで「私は、人生で三度の解放を経験した。最初は、生まれてまもなく、二度目は今から15年前、監獄から解放された時のことであった。三度目はピョンヤンで迎えた」と述べておられます。徐さんが京都でお生まれになった4ヵ月後に、朝鮮は日本の植民地支配から解放されます。しかし、この最初の解放は、米日を中心とする冷戦の抑圧のため真の解放とはならず、朝鮮半島は分断されてしまいます。その後、朝鮮半島の南の地では独裁政権が長期化しますが、１９７１年春、朴正熙《パクチョンヒ》三選を阻止しようとする学生や知識人、言論人、宗教人の運動が全国的に高まり、朴軍事政権は最大の危機に直面します。

このような状況のもとで、当時、ソウル大に留学していた徐勝《ソスン》・徐俊植《ソジュンシク》兄弟が連行され、陸軍保安司令部によって「在日僑胞学生学園浸透スパイ団事件」として発表されます。徐さんは、一審で「死刑」、二審では「無期懲役」の判決を受けられ、その後、長期にわたって非転向の政治犯として闘ってこられますが、その間、南では朴正熙「維新体制」が崩壊し、その後、光州《クァンジュ》での民衆虐殺を経て全斗煥《チョンドゥファン》政権が登場します。しかし、民主化運動は次第に幅広い民衆をまきこんでいき、ついに１９８７年の全国的な〝六月抗争〟へと続き、盧泰愚《ノテウ》は「民主化宣言」を出して事態をおさめねばなりませんでした。

このような民主化運動の高まりの中で、徐さんは１９９０年2月に釈放され、第二の解放を迎えます。その後、〝奪われた19年〟を取り戻すかのように精力的に活動をなさいます。そして、２００５年６月、ピョンヤンで開かれた「６・15共同宣言５周年記念民族統一大祝典」に参加され、第三の解放を迎えられます。まさに、徐さんの半生記は朝鮮半島の状況とぴったりと重なります。今日のインタビューでは、在日朝鮮人としての徐さんの個人史を、同時代の状況と関連づけながら語っていただきたいと思っております。

最初に、第１の解放から第２の解放に至る期間についてお伺いしますが、この時期については『徐兄弟　獄中からの手紙』（岩波新書、１９８１年刊）、『獄中１９年—韓国政治犯のたたかい』（同、１９９４年刊）などで詳細に知ることができますが、現時点で新しく指摘できる内容があるならば、それらも含めてお話しください。

◈◈◈ 京都で生まれ育つ

私は１９４５年、京都府下の周山で生まれました。戦争中だったので、家族がそこに疎開していたのです。１９４５年８月15日に朝鮮は解放され、私たち家族は解放後、「世間狭く、よそ者につめたい」田舎を離れて、京都市内に出てきます。私の記憶は京都市内での生活からはじまります。

私の家族は朝鮮人部落では生活したことがなく、日本人の多い町内で暮らしてきました。京都の西、花園艮北《こんぼく》町という京都工芸繊維大学繊維学部の裏門の前でした。その大学は昔、高等蚕糸という専門学校だったので、私たちは「コウサン」と呼んでいました。私は幼稚園から大学まで日本学校にしか通っていません。だから、朝鮮語はもちろんしゃべれないし朝鮮人としての自覚もあまりありませんでした。

　私のアボジ（父、徐承春《ソスンチュン》）とオモニ（母、呉己順《オギスン》）も、5歳ごろにハラボジ（祖父）とハルモニ（祖母）に連れられて、忠清《チュンチョン》道の田舎から日本に渡ってきた人たちですので、父母自体が朝鮮語をあまりできないし、故郷についてもほとんど知りませんでした。しかし、あの時代ですから、それぞれ民族意識は持っていたんですね。私は父母から、朝鮮人であることに自負心を持てと教わって成長しました。

　アボジは子どもをつかまえて話をするのが好きな人でした。アボジは幼いころ祖父がやっていたクズ屋を手伝いながら、紙クズの中から出る本に熱中したといいます。そのアボジから李舜臣《イスンシン》将軍や乙支文徳《ウルチムンドク》将軍の話など朝鮮の歴史や、李承晩《イスンマン》、金九《キムグ》、金日成《キムイルソン》将軍のはなしなどと朝鮮の情勢のついて、話をいろいろ聞かされたことを思い出します。1950年6月25日に始まる朝鮮戦争のニュース映画を見たことが、朝鮮に関する最も古い私の記憶です。

中学3年生のときに韓国で4月学生蜂起がありました。私の家では町内で最も早くテレビを買っていたので、テレビ画面を通じて韓国の学生たちが独裁政権に対して闘っている姿をかなり克明に知ることができました。同時に日本では安保闘争が起こり、今では考えられないことですが、京都でもかなり大きな規模でデモがあったんです。鮮明に覚えているのは、京都御所の角を私が自転車で通りかかると、大きなデモ隊が機動隊ともみ合っているところに遭遇したことです。そういう韓国と日本の政治状況が重なり合って、私に社会的な問題、政治的な問題に対する意識を芽生えさせたと思っています。

当時、私の兄は東京で大学に通っていました。ちょうど4月学生蜂起の頃でしたから、入学後、時代の洗礼を受けて学生運動を始めたと思います。東京と京都と離れていたので直接的な影響は少なかったけれど、兄を通じて在日朝鮮人の運動を垣間見ることがありました。時に兄の友人が家に遊びに来るのですが、済州《チェジュ》4・3事件の直接の体験者だったり、密航で日本に来た人たちもいました。済州4・3事件の時、目の前で学校の先生が処刑された話など、深刻な話をしていたこともありました。

そういうことに影響を受け、高校に入ってからは、関西一円で行われていた在日朝鮮人の高校生の運動に飛び込みました。1年生の後半ごろからです。通っていた高校に朝鮮文化研究会も作りました。あの当時は、日本の高校生たちも政治的な運動をやっていましたね。日朝友好だと、朝鮮学校との交流もやっていて、私も関わっていました。どんどんそういう運動にのめりこんでいって京都市内はもちろん関西をまたにかけて運動に励んでいたのを思い出します。

また、日本の本をたくさん読みました。ヘルマン・ヘッセや芥川龍之介などの小説、宮本武蔵や三国志や水滸伝などの英雄談も好きでしたが、特に社会科学に関する読書です。時代の影響ですが、マルクスやエンゲルス、レーニン、毛沢東の本などをたくさん読みました。

だから高校時代はほとんど学校の勉強はしませんでした。高校に入るときはそれなりの成績だったのですが、大学受験を控えたころには目も当てられない成績になっていました。仕方がないので少しは勉強したのですが、そのとき兄に言われたのが、「在日朝鮮人が浪人をして一流大学に入ろうが二流大学に入ろうが、それはたいした問題ではない。だから浪人しないで早く大学に行って好きな勉強をしたほうがいい」ということです。とりあえず受験をし、運も良かったのでしょう。東京教育大学に入学することができました。1964年のことです。私は宝くじにはいつも当たったことがないのに、試験を受けるとだいたい受かるんです。

◇◇◇ 日韓会談反対闘争のなかへ

１９６４年というのは日韓会談（１９６５年）の交渉の大詰めを迎えたときで、日韓会談反対闘争は、韓国の反軍政闘争に共鳴して在日韓国人大学生たちが取り組んでいた問題なんです。私も入学するやいなや、在日韓国学生同盟に所属して日韓会談反対闘争のなかに飛び込みました。

連日デモでした。私は1年生でしたが、高校時代に運動に取り組み朝鮮問題についての知識を得ていたこともあって、知らないうちに闘争の中心にいるという状況でした。在日韓国学生同盟の宣言文の執筆などをまかされていましたね。60年代は学生運動の時代だったので、われわれ同胞学生だけでなく、日本の学生たちも毎日のように麻布の韓国大使館にデモをかけていました。月刊「イオ」でも書いたように日本の警察に引っ張られたこともありました。それだけ運動は非常に激しかったのです。

しかし、激しい反対闘争にも関わらず日韓会談は強行締結されてしまいます。私は闘争の目標を失ってしまいます。初めて酒を飲みはじめました。大学3年、4年は虚脱感の中で呆然と暮らしたような気がします。

また一方で、朝鮮人としてウリマル（朝鮮語）も朝鮮の歴史も知らないことが何時も気になっていたので、大学入学後、初めて韓国を訪問しました。１９６４年のことでした。夏休みでした。ソウルでも韓日会談に反対する学生たちがデモがいたるところで行われており、街は催涙弾の煙で溢れていました。日本でも同じく闘っていた私にとって、韓国で闘っている学生たちの姿を直接目撃したことは非常に大きな影響を与えるものでした。

中でも二つの場面が今も忘れられません。一つは、昔の東崇洞《トンスンドン》にあったソウル大学前の路上で目撃した韓国の学生たちの姿です。どの学生たちも頭をうなだれて重い荷物を背負って歩いているようなんですね。当時の韓国の学生たちの沈鬱《ちんうつ》な姿が印象に残っています。その時、ソウル法科大学と美術大学の角、梨花洞《イファドン》の四つ角で催涙弾が炸裂しました。私は催涙弾がどういうものなのか初めて知りました。涙・鼻水が出るし露出している皮膚全体がただれたるんです。当時、朝鮮語はあまりわからなかったのですが、韓国の学生たちが走って逃げながら「水で洗え」と言っていたのを覚えています。焼け爛れるように痛い顔や両腕を水道で一生懸命洗いました。

もう一つの場面は、高麗《コリョ》大学での出来事です。8月24日だったと思いますが、高麗大学でデモをやっていると聞いて見にいったんです。到着したら高麗大学の前には、戦闘警察がいっぱいで装甲車がペッパーフォッグ（催涙ガス）を噴き出しながら走り回っていました。道にいた学生たちのデモ隊は校門まで押し返されて、また大道へと繰り出すために校門で戦闘警察と対峙していたのですが、催涙弾が一人の学生の顔に直撃し炸裂したんです。学生の顔は血だらけになって倒れました。しかし、他の学生たちは負傷した学生を病院に連れて行くのではなく、その学生を担いで校内のグランドに入るんですね。グランドにはざっと二千〜三千人ほどの学生がいて、血まみれの学生を担いで先頭に押し立てながら、スクラム組んでグランドをグルグル回って、機会を狙ってまた外に進出しようとするわけです。まさにそれが、朴正煕が装甲車を押し立てて高麗大学の校門を突き破り、キャンパスに進駐した有名な8月25日の前日の事件だったんです。

初めての韓国は私にとって大きな衝撃でした。当時の韓国は、まず金浦《キンポ》空港に降りると、税関の職員が客のかばんの中から自分の好きなものを随意に取り出して、「これはおれがもらう」と抜き出す時代でした。街に出れば乞食と靴磨きと新聞売りが溢れている。こういうこともありました。南山《ナムサン》でおばさんたちが道端にたらいやフロシキなどに並べたリンゴやガムを広げて売っているのですが、無許可だから警官がやってくるわけです。その当時の警官は黒い制服を着て非常に威圧的でした。警官が現れると、おばさんたちは荷物を頭に担いで逃げ回る。私の目の前で一人のおばさんがバランスを崩し、リンゴが転がり落ちたんです。すると警官がリンゴを追いかけていき、リンゴを一つひとつ真っ黒な大きな軍靴で踏みにじるんです。その姿を見ていると、なんとも言えない怒りと無残な思いにとらわれたのを覚えています。

そのような学生時代を送ったのですが、何とか4年で卒業できるめどが立ち、卒業後の進路についていろいろと考えました。私は経済学を勉強したんですが、指導教官から、「インドのニューデリーの研究所に研究員の口があるから行ってみるか」という話をもらったこともありました。しかし、「自分の祖国に行くんだ」と韓国への留学を決心するわけです。韓国へ行こうと思った理由は、まず朝鮮語を知らなかったということ。それなりに勉強したんだけれど、日本で勉強してもなかなか身につきませんでした。

ようやく文字を少し読める程度で、充分な会話はできませんでした。だから自分の祖国の言葉を習得するというのが第一の理由でした。次に大学時代の韓国訪問で非常に強い印象を受けたので、「もっと自分の祖国のことを知りたい」という思いがあったからです。先ほど言ったように、韓国で目撃した様々な矛盾に対して、何かできないのか、分断されているという状況、アメリカが支配しているという状況、そこから来る民族の悲劇、独裁政権の支配による人々の無残な生活……それらの状況に対して何かしたいという思いが、留学を決心させました。

以上が、私が韓国に留学するまでの簡単な経緯です。

――1970年代、朴正熙軍事独裁の絶頂であった「維新体制」下の南朝鮮は「大きな監獄」といわれていました。あらゆる人々が「大きな監獄」と「小さな監獄」を往来していました。だが、その中でも「監獄の中の監獄」が、非転向政治犯の「特別棟」だったのです。徐勝さんは、「思想転向制度との闘いは、民族分断との闘いであり、人間の尊厳回復のための闘いであった」と述べておられます。

◇◇◇ 韓国に留学そして逮捕される

私が韓国に留学したのは1968年でした。ソウル大学校の語学研究所で1年間朝鮮語を勉強しソウル大学校大学院社会学科に入学しました。ソウルでは最初、日本に訪問した高麗大学の先輩の紹介で、国会議員の金相賢《キムサンヒョン》氏の家に下宿していました。金相賢氏は、朴正熙《パクチョンヒ》軍事独裁政権に挑戦する金大中《キムデジュン》氏の選挙参謀で、政権側から一番にらまれている人物でした。私が捕まった後、月刊「タリ」誌事件で金相賢氏自身が逮捕・投獄されたことを見てもそれがよくわかります。

朴正熙は、憲法を改悪し三選禁止条項をなくして、1971年に3回目の大統領選挙に出馬するわけでが、選挙の直前に私は弟の俊植《ジュンシク》とともに、いわゆる「在日僑胞学生学園浸透スパイ団事件」で逮捕されます。容疑の一つに、日本からの資金を金相賢氏に運んだというものもありました。もちろん分断状況下ですので、韓国の法律に抵触するものだとも言えますが、ただ、彼らがでっち上げた、「スパイ団」云々という事実はまったくありません。当時は多くの在日同胞学生がスパイで引っ張られました。大統領選挙直前に私たちの事件が発表されたことをみても、事件をでっち上げた目的がわかります。私は金相賢氏との関係もあって、反共意識、反北意識の世論を高揚させる格好の材料だったわけですね。

結局、19年間の獄中生活を送るわけですが、その内容については『獄中19年』(岩波新書)で詳しく書いてあります。

ここでは、当時監獄の中で行われていた思想転向工作について少し触れておきたいと思います。私は最初、死刑囚としてソウル拘置所に入れられました。そこには、いわゆる左翼囚といわれている死刑囚たちがいましたし、獄中で同じ房の人に北の宣伝をしたとして、追加刑を受けるために大田《テジョン》から送られてきて来た非転向政治犯にも出会いました。

その時初めて、監獄の中の政治犯がどのような状態に置かれているのかを、部分的でも知ることができました。しかし、今から振り返るとソウル拘置所というのは天国のようなところで、一般の犯罪者も一緒に収監されていたこともあり、1・7坪ほどの部屋に7〜

8名が詰め込まれ、不潔で極度に狭いことを除けば、たいして辛いことはなかった。大邱の刑務所に行って初めて、監獄生活というのがどういうものかがわかりました。

◇◇◇獄中体験――思想転向工作

私が大邱《テグ》の監獄に送られたのが1972年で、ちょうど、監獄の中で思想転向工作が本格的に始まったころでした。かつての日本軍国主義の思想犯に対する弾圧を見てもそうですが、思想転向工作がいかに犯罪的かということを、私は身をもって体験しました。軍事独裁政権とその統治がどのようなものかということを、監獄に入る前にももちろんある程度、知っていましたが、監獄ではそれがもっと集約的に現れていたのです。

せめて思想転向だけはしないという思いが当時はありました。暴力によって人間の思想を変えさせること対する反発、間違った論理に屈服するのは潔くないという思いは強かった。実際、私は非転向政治犯だと言われるほど、体系的で優れた思想を持っていたわけではなかったので、どちらかというと思想転向に対する人間的な反発ですね。意地というのもがありました。それは弟も同じだったと思います。また、私が初めて大邱の監獄に行ったときは70人あまりが収容されており、その人たちが思想転向工作に抗しているという心強さがありました。

しかし、思想転向工作が本格化して集中的に行われるようになると、70人のうち未決囚もいたから、60人足らずだと思いますが、木の葉が散るようにいなくなってしまいました。中には、自殺した人、病気で死んだ人もいますが、ほとんどが転向させられて、最後は十数名しか残らなかった。私も彼らと同じ状況に立たされたらどうなっていたでしょうか。日本から来たということもあり、拷問の度合いが他の人よりいくらかましだったようです。でも、弟はよく知られているように、恐ろしい拷問をされました。私は弟に比べるとひどくはなかったようです。

政権側がなぜ思想転向工作を本格化させたのかと言うと、朝鮮戦争が停戦した時に、当時パルチサンであったり、南朝鮮労働党に関係して15～20年の刑を受けた非転向政治犯が出所する時期に当たっていたからです。彼らを思想転向させないまま野に放つわけにはいかない。それが目的のひとつ。もうひとつは、維新体制*を作っていくうえで、イデオロギー的な統制を強めるのが目的です。監獄の外も内も思想的に締め上げるということです。三番目には、ベトナム戦争がアメリカの敗北で終わる時期だったということです。1968年には、ベトコンのテト攻勢があり、「第二の朝鮮戦争が起こる」、「北が南に攻めてくる可能性がある」といううわさが韓国で流されていました。維新体制というのはまさしく戦争体制、臨戦体制ですよ。

＊１９７２年10月、朴正熙は永久執権をもくろみ、戒厳令を布告して「維新憲法」を制定した。同法は大統領にヒットラーの非常大権にも比せられる絶対的権力を付与した。１９７９年10月、腹心の金載《キムジェ》圭《ギュ》情報部長の手下に朴正熙は殺され維新体制は幕を閉じる。

獄中、獄外の政治犯たちが有事の際に、背後から蜂起するのではないかと、朴正熙政権は考えていました。だから、思想転向工作を強化したわけです。獄中では有事の際を想定し、非常訓練というのが行われていました。監房の扉の外側に鉄の輪が付着していて、そこに鎖を通してしまうと、何があっても扉が開かないわけです。そういう訓練を私たちが見ている前でやっていました。非常に厳しい時期でした。

相対的に朴正熙政権が弱体化していく中で、反維新闘争が学生たちを中心に活発になり、学生たちが大量に監獄に入ってきます。その過程で、韓国の獄中における政治犯の人権問題が大きな社会問題、国際問題になっていきました。それにともない、獄中での弾圧もだんだんと緩んでいきました。そのおかげで私も思想転向せずに、なんとかしのぐことができました。そして、韓国の民主化が進む中で釈放されたのです。１９９０年のことです。

——１９９０年2月の釈放、すなわち第二の解放後、カルフォルニア大学バークレー校客員研究員などを経て、1994年から立命館大学で教職に就きます。第三の解放に至るまで、国際シンポジウム「東アジアの冷戦と国家テロリズム」、在日朝鮮人、日本の過去責任、朝鮮の統一など、広い範囲にわたる問題群を、いわゆる狭い意味での研究や教育にとどまることなく、東アジア各地の人々と連携し、その解決をはかるための実践行動をも行ってきました。それらに関連する単・共・編著、訳書、論文などは膨大な数に上ります。

特に、東北アジアの平和秩序の模索と、そのための国際交流の実現を主要課題の一つと設定し、国際的なネットワークの下での研究・交流に努めてこられました。徐勝さんが進めておられる国際シンポジウム「東アジアの冷戦と国家テロリズム」は「米・日中心の東アジア地域秩序から民衆中心の東アジア地域秩序」への転換を掲げて、1997年、台北《タイペイ》での第1回大会以来、2002年秋、韓国・麗水《ヨス》での第6回大会まで、日本、韓国、台湾、沖縄の活動家、研究者、受難者、芸術家を網羅した民間の大規模国際シンポジウムとして開催されてきました。

「国際シンポ」は、先生が出獄直後の1990年7月、台湾の元政治犯、林書揚氏に出会ったことからはじまりました。民間の研究・国際的な運動としては、ラッセル国際裁判、女性国際法廷に匹敵するものです。7年間の運動の成果は、『東アジアの冷戦と国家テロリズム―米日中心の地域秩序の廃絶をめざして』（お茶の水書房、2004年）として刊行されております。先生が中心となって構想され進められてきた「国際シンポ」は、その過程を通じてどのような歴史認識と運動を発展させてきたのか、また、運動の成果としては、どのようなことをあげられるのでしょうか。

◈◈◈ 戦前と戦後の連続性

どれだけ大きな成果があったのか私にはよくわかりません。ただ、いくつかの成果については指摘することができると思います。

まず第一の成果として、特に日本においては、第二次世界大戦の前と後は断絶されたものとして認識されているところがありますが、連続性が非常に強いという側面から考える認識の転換があったのではないかと思います。日本は戦後、平和と民主主義の国になったと言われていますけれど、アメリカは第二次世界大戦直後から始まった冷戦の中で、旧日本の勢力を大幅に存続させました。天皇制が形を変えて存続し、財閥が温存され、A級戦犯をはじめとする戦犯の免罪釈放まで行われました。平和をうたった日本国憲法もアメリカの戦略的要求から生まれた側面が強いと言えます。

また日本の平和主義は原爆の被害性を強調する、内向きの自家消費用の性格を強く持っています。戦後補償運動に携わっている人たちの認識も、戦前の日本の軍国主義の責任・犯罪については様々に論議をするけれど、第二次世界大戦後の日本は悪いことをしていない、罪がないというものがほとんどだと思います。しかし、日本は戦後もアメリカの東アジア戦略と一体となり朝鮮戦争、ベトナム戦争、イラク戦争に至るまで一貫して、外に向かって平和国家であったことがありません。また日本が先頭きって、韓国、台湾、ベトナム、フィリピン、インドネシアなどの東アジアの独裁政権を意図的に支えてきたということを見ると、戦後の日本が民主主義国家だとも言えません。

最近になって日本の右傾化が進んだというように言われていますけれど、最近右傾化が進んだのではなく、もともと日本軍国主義の根は残っていたと思います。冷戦崩壊と言われているソ連の自壊によって、社会主義圏との境界がなくなってしまったので、日本が直接、東アジアの国と向き合うようになって、地金が現われたのだと私は思っています。

第二次世界大戦の戦後の連続性がもっとも如実に、象徴的に現れているのが朝鮮問題です。日本と朝鮮民主主義人民共和国との関係を見ても、過去の日本による植民地支配から朝鮮戦争を経て、本質的には今も戦争状態にあると言えます。私たちの東アジアシンポジウムでは、この点を強調し明らかにしたという点で、重要な意味を持ったと自負しています。また、冷戦時期に東アジアで行われた集団虐殺の問題。これをかつての日本軍国主義の手先であった親日派が中心になって行ったという構造も明らかにしました。これも日本の戦前、戦後の連続性を象徴する問題の一つです。

◇◇◇新しい東アジア共同の闘争

第二の成果は、東アジアにおける地域支配へゲモニーの構造を明らかにしたことです。戦前の大東亜共栄圏が、日本人の認識の中で継承され、また、日本の支配権を引き継いだアメリカの支配の中で生き残ったという側面があります。東アジアの支配的なヘゲモニーは、明治以降、日本とアングロサクソン同盟、日米による100年支配が続いています。逆の立場から見ると、社会主義圏に入っている中国はともかくとして、日本や台湾など東南アジアの国々は、日本による大東亜共栄圏の支配下にあったのと同じように、第二次世界大戦以降はアメリカの一円的な支配圏に入って、日本がそれを幇助してきたのです。しかし、支配される側は分断されていて、支配されていることがよくわからないという状況でした。私たちのシンポジウムはそのような地域支配へゲモニーに対して、支配されている側が連帯し行動すべきだという問題提起を行いました。

かつては、例えば中国の広東にあった中国国民党の黄捕《ファンプー》軍官学校には、朝鮮人もベトナム人も台湾人もいました。抗日戦争という目的のもとに東アジアの人々が支配される側として、一丸とは言えないまでも非常に深い連携があったということです。

第二次世界大戦後はアメリカの分断統治のなかで連携がバラバラになっていきました。韓国は独裁政権時代、反独裁民主化闘争に精一杯で外に目をやる余裕がありませんでした。私たちがシンポジウムを始めた時点でも、韓国の人たちは台湾や沖縄の問題をほとんど知らなかったし、沖縄の人も韓国や台湾の問題をほとんど知らず、台湾の人たちも同じでした。各地域は明らかに分断されていたのです。先ほど黄埔軍官学校の例を出しましたが、かつては、東アジアのアナーキストも社会主義者も、いろいろな問題を抱えながらも共同闘争をやっていたわけです。それが第二次世界大戦後は途絶えてしまった。そこで新しい共同闘争を始めようという問題提起をしたわけです。それが二番目の成果だと言えます。

実際に、連携は拡大しています。今年の4月3日に済州島で4・3事件の60周年を迎え、東アジア国際シンポジウムに関与していた人々が、台湾や日本からも大数参加しました。米軍基地問題も韓国と沖縄との連帯が以前よりも拡大しています。沖縄の米軍基地反対闘争問題に韓国の人たちが参加し、韓国の平澤《ピョンテク》、大秋里《テチュリ》の反基地闘争にも沖縄からかなりの人たちが参加しました。

第三の成果は、過去清算の問題を、戦前の問題だけでなく、戦後の冷戦期の問題としても提起したことです。韓国や台湾における過去清算運動では過去清算法の成立という具体的な成果を獲得しました。台湾では、蔣介石による白色テロや2・28事件について歴史的な見直しがなされ、責任者に対する断罪が行われてきました。

韓国では、光州事件、4・3事件、親日派や朝鮮戦争を前後する民間人虐殺、独裁時代における犯罪についても大々的な見直しが行われており、情報部や軍の犯罪についても告発しています。李明博《イミョンバク》政権になり、この問題がどうなるのか心配しています。戦後の過去清算の問題は、もちろん私たちが初めて手をつけたことではありませんが、ほとんど関心がなかった時に問題提起したという点、東アジア全体のレベルで取り組んだという点で先駆的だったと自負しています。逆に言えば、花岡問題など中国人の強制連行問題だけをやっていたり、「日本軍慰安婦」問題だけをやっていたり、靖国問題だけをやっていたりと、様々な人たちが個別に様々な運動に取り組んでいたものを、一つにつなげる役割も担ったのだろうと思っています。

根本的には、先ほども言ったようにアメリカと日本による東アジアの地域支配を、民衆を中心としたものに変えていかなければいけないと考えています。そうしなければ、東アジアの平和は確保されないし、本当の意味での解放は来ないという認識が私にはあります。1世紀以上にわたるアメリカと日本によるこの地域支配に少しでも抵抗していこうということです。
帝国主義の支配というのは、今も「分断し統治する」という古典的なものです。私は監獄にいるとき、「朝鮮半島の分断の問題は、朝鮮半島の問題」だと思っていたんですが、その後、台湾や沖縄と出会い、アメリカで経験を積むうちに、「けっして朝鮮半島だけの問題ではない」ということがわかりました。朝鮮半島の分断の問題は、大東亜共栄圏から続く日本中心の地域秩序、アメリカの戦略的支配というものを突き抜けないと、本当の意味で解決されないと思います。そして、このような認識は共有されはじめています。

――2002年9月、朝・日ピョンヤン宣言が発表されると同時に日本人拉致問題も公表されます。これを機に日本では反朝鮮キャンペーンが大々的に繰り広げられ、在日朝鮮人に対する日本社会の迫害が一層強まります。在日朝鮮人は、ひたすら朝鮮を追い詰めようとする民族排外主義的な論調に流され、過剰に思いつめ「自虐的」になっているところもありました。在日朝鮮人社会が揺れ動くなかで、徐勝さんは「『朝鮮』という言葉に対する抑圧とタブーには、植民地意識と反共・分断意識と支配の論理が発露している。人権が、そして人としての尊厳の主張が、『抑圧され、奪われた者の叫び』であるとするなら、『朝鮮』が、日本において抑圧され、憎まれ、蔑まれる限り、私は『朝鮮』を言い続ける理由はあると考える。『朝鮮』は解放されなければならない」と述べています。また、民族的アイデンティティの問題と関連して、「朝鮮学校は南北朝鮮全体の宝だ」と指摘し、在日朝鮮人が存在する積極的意味、在日朝鮮同胞が民族史に果たし得る役割について述べています。

◈◈◈ 朝鮮学校は「民族の宝」だ

私はこれまで、祖国の問題、東アジアの問題については関心をもって取り組んできました。しかし、在日朝鮮人の問題については、あまり関与してこなかったし、長く韓国にいたこともあって、実情をよく知らないとも言えます。月刊「イオ」で1年間連載することになり、在日朝鮮人問題を考えざるを得ないという状況になったというのが正直なところです。また、私が所長を務める立命館大学コリア研究センターには、若い在日朝鮮人が多く集まってきます。彼らと接する中で、いろいろな悩みをもっているということを再認識しました。

そういう中で、在日朝鮮人について考えていることを二、三話したいと思います。

「狭き門より入れ」という聖書の言葉がありますが、人間は困難な道を行くよりも、どうしても容易い道を行く。これは人情だと思います。わざわざ困難なところに頭を突っ込むというのは例外的な人間でしょう。在日朝鮮人の中で見られる同化傾向は、そういうところからきていると思います。問題はそれが本当の解決になるだろうかということです。最近、参政権問題や権利闘争など、いろんなことを、いろんな場面について考えます。

参政権獲得運動も権利闘争も、個々それぞれの現状からより有利な状況にグレードアップされるという意識をみんなが持っていると思うんですね。結局、日本の在日朝鮮人に対する政策は、個々を選別し、その一部を取り込んでそれ以外の人間は切り捨てるというものです。「同化と差別化」という朝鮮人に対する政策は、植民地支配の時から変わっていません。当時、貴族院にも国会議員にも朝鮮人はいたし、日本でそれなりの社会的地位を得た人もいます。それを見ると、様々な権利闘争や参政権獲得運動が目指すところがいったい何なのかと考えざるをえません。「多文化共生」など耳ざわりの良いことを言っても、結局「日本国民国家」に朝鮮人が取り込まれている方向しか今は見えてこないのです。

そして日本はいったいどんな国なのかということを考えます。最近、「日本の孤立」という言葉がよく言われます。日本の孤立は、朝鮮半島での平和体制構築と冷戦に終止符を打とうという動きの中で、きわめて著しく現れてきました。だとするならば、在日朝鮮人が日本に取り込まれる方向に進むなら、日本の孤立とともに、沈没していく船に相乗りする結果になるんではないか。歴史的には否定されるべき「帝国主義的な日本」の中で、限りなく「日本人」と同じ権利を持つ「朝鮮人」として生きていくことが何をもたらすのでしょうか。

在日朝鮮人が解放されるとはどういうことか、非常に難しいですね。解放があるとしても、それを人々が実感できるかどうかが問題になりますし……。

先ほども言ったように、東アジアに存在してきた日米の支配――帝国主義的支配であり、支配というのは差別なのですが――それを解消することが解放だと思います。分断され支配される立場からの解放です。朝鮮半島の統一の実現も支配の解消のひとつです。日本にいるから統一なんか関係ないというものではありません。朝鮮の統一だけでなく、冷戦時代に形成された朝鮮半島から沖縄、台湾海峡、ベトナムにいたるまでの東アジアの分断の構造が解消されることが必要だと思います。もちろん一朝一夕にはいかないでしょう。

帝国主義的支配は近代以降、文明と野蛮という構図の中で進められてきたものです。帝国主義の論理は、自分たちは文明国で野蛮な諸民族を文明の使命として解放してあげるんだというものです。大東亜聖戦史観でも、日本軍国主義はアジア諸民族の解放を掲げていました。これは八紘一宇《はっこういちう》（全世界の天皇制国家化）の思想とつながるもので、天皇制国家を優越したものとして位置づけ、それ以外の遅れた国の人間を天皇の温情のもとにその赤子として名誉ある位置につけてあげるんだとしています。結局、他者を徹底的に劣ったものとする差別的な見方で一貫しているわけです。拉致問題を見ても、日本人の心の底に、朝鮮は生意気だという意識、すなわち自分たちは優秀で劣ったものからなめられたのは許せない、という意識が見えてきます。きわめて反理性的な感情の発露です。日本社会で近年、右傾化が表面化しているのは、自分たちの優越した位置が否定されようとしているという、危機感の中で起きている現象なのは明らかでしょう。

私は月刊『イオ』の連載の中でも度々、在日朝鮮人の民族教育について言及し、それを高く評価してきました。それは、今まで話してきた支配からの解放という側面から見ても、民族教育に大きな意義を見出すからです。

在日朝鮮人の民族教育を私は「民族の宝」だと表現しました。日本の中で抑圧されてきた朝鮮人が、自分たちの権利として作り上げ守ってきたのが民族教育です。韓国は教育の方向を見失っています。最近、李明博《イミョンバク》政権がかかげた、小学校から全ての教育を英語で行う、「英語没入教育」が、端的な例です。さっそく多くの人々から批判の声があがりました。それに比べて、韓国人が朝鮮学校を訪問すると、例外なく大きな感動を受けています。最近も私は北九州の朝鮮学校に韓国の学生たちを連れて訪問したのですが、やはり大きな感動を受けました。

日帝時代から今日に至るまで綿々として受け継いでいる支配への対抗者としての意識、グローバリズムという名のもとにアメリカの一国支配の方向へと世の中全体が進む中で、独自のものとして存在感と自己主張、競争が激化する社会の中に実現させた共同体的な教育、自分たちの文化を頑なに守ろうとする姿、朝鮮学校が韓国の人たちを感動させるのは、そういう自分たちが失ったものを今も備えているところだと思います。韓国で映画「ウリハッキョ」が大成功したことから分かるように、私だけでなく、朝鮮学校を「民族の宝」だと考えてる韓国の人たちはたくさんいます。

――２００５年６月「６・15共同宣言５周年記念民族統一大祝典」と２００７年６月にピョンヤンを訪問されました。ピョンヤンを訪問されたことを「第三の解放だった」と述べておられますが、なぜそのように感じたのか。また、統一問題についての考えやこれからの東アジアの展望、在日朝鮮人の未来についてお伺いします。

◇◇◇ 双方が徐々に近づく南北統一

私が２００５年６月にピョンヤンを訪問したことを「第三の解放」だと言ったのは、２

000年6月15日に南北朝鮮の首脳が直接会って発表した6・15共同宣言が私のピョンヤン訪問を可能にしたからです。6・15共同宣言の発表がイコール統一ではないので、本当の解放だと言えるのかという反論もあるかと思います。しかし、時代は大きく変わったことは確かです。

先日、日弁連のシンポジウムに呼ばれて出席したのですが、「徐勝のような北朝鮮のスパイをどうして出席させるのか」という抗議文を開催者に送りつけた弁護士がいました。日本の弁護士の中にもそんな愚かな見方がある一方、韓国ではそのように考えません。韓国の監獄にいた私が、ソウルを経由してピョンヤンの地に再び立てたことは、本当に画期的な出来事でした。

余談になりますが、2007年には日本から中国経由でピョンヤンに行くのではなく、韓国から38度線を直接越えてピョンヤンに行ってみたいと思い、仁川《インチョン》空港からピョンヤンまで韓国の代表たちと一緒に直行便に乗りました。私はてっきり、飛行機が38度線の上を越えて行くのだと思っていたのですが、残念ながらそうではなく、飛行機は遠回りして朝鮮西海《ソヘ》（黄海）の上を飛行したようです。38度線の統制権はアメリカが持っているから直接越えられないという説明を聞いて、納得しました。

韓国で6・15共同委員会南側代表の白楽晴《ペクナクチョン》先生が南北朝鮮の統一に関して言っていた

次の言葉が印象に残っています。白氏は、「16・15時代」にも南北を分ける軍事境界線が依然として残っているにもかかわらず、これを「統一時代」と呼ぶのは、単純に統一意志や希望を強調する修辞法ではありません。朝鮮半島の分断体制を克服することが長期的・漸進的過程であるだけに、世界的に類のない特異な過程であるので、『分断時代なのか、統一時代なのか』という二分法が通じないという認識を表現したものです。このように目くじら立てずにモタモタと進展する過程こそが、朝鮮半島式統一の固有な属性であり、その内容だというのが白先生の主張です。そしてある日、「ああ、これが統一なんだという日を迎えるだろう」と言っています。

この統一に対する見解を私は非常に面白いと感じました。かつては、統一は歴史的大事変として突然実現されるというイメージがありました。しかし今はそうではない。何よりも平和が大切で、戦争で人命も、相互がたゆまぬ努力によってこれまで築き上げてきたすべてのものも破壊することなく、双方が徐々に近づく過程でいつの間にか統一を向かえるという考え方です。「統一、統一と長い間言ってきたけれど、いつまでたっても実現しないじゃないか」と言う人もいますが、統一を図式的に考える必要はないということです。

実際に、保守的な釜山《プサン》が、北との交流にとても積極的で、それ以外の各道知事や地方行政体の首長たちも、北とのスポーツや文化、経済の交流を進めたいと熱望するまでになりました。先ほどの韓国人の朝鮮学校訪問も時代の変化を象徴する一つです。私たちが訪ねる直前にも九州の朝鮮学校を全南《チョンナム》大学の教授たち40人が訪問していました。一つの大学の教授40人が一度に朝鮮学校を訪問する。一昔前なら考えられなかったことです。今は、受け入れる側も訪問する側もまったく違和感をもっていません。今後こういった交流はますます活発になっていくでしょう。私はこういう現実を見るにつけ、6・15宣言以降を、すでに統一時代に進んだと思っています。

◇◇◇ 朝鮮半島における平和体制

最後に今後の展望についてお話したいと思います。

アメリカの朝鮮半島政策がどうなるのかが大きな変数であることに変わりはありません。アメリカは、現在のブッシュ政権も来年登場する次の政権も、朝鮮半島において戦争状態を終結し平和体制を築かなければならないという認識を持っていると思います。もちろん自分たちの利益を最大限確保するためにはどういう方法が一番良いのかと、いろいろ考えての結果です。朝鮮半島における平和体制の構築は、いまや避けられない趨勢です。

今年の初めに韓国で李明博《イミョンバク》政権がスタートしました。10年ぶりの保守政権です。親米政権ですので、アメリカの進む方向により強く影響を受けると考えられます。李明博政権は、私が見る範囲では、経済問題に関しては土建屋的な発想です。田中角栄の「日本列島改造論」的な大規模工事により民間需要をひき起こそうという発想以外にありません。外交・安全保障、教育、文化政策についてはほとんどアイデアがない政権なんですね。そういうことが最近明らかになってきています。外交を見ても、既存の外交通商部の官僚を中心にすえているということは、独自のアイデアがないからです。

一番の問題は、李明博政権がどのような南北の和解・協力政策をとるかということですが、ほとんどの専門家たちが言っているのは、和解・協力を進める以外の選択肢がないということです。いま朝鮮半島で戦争を起すということはありえませんし、敵対する政策的選択もないんです。李明博政権もそのことは重々わかっていて、その中でどのようなバリエーションを持ちえるかを考えるだけです。大々的な対北経済投資を行うと言っていますが、それもバリエーションの一つにすぎません。また、「北の核放棄」を前提条件とすると言っていますが、それは米朝間の問題で、李明博政権が影響を与えられる問題ではありません。

この前、韓国の外交通商部長官はこのようなことを言っていました。朝米関係は韓国の頭越しに行われるのは確かだけれど、盧武鉉政権は朝米関係についてアメリカに様々な提案を行い、それが大きく影響したが、李明博政権では難しいのではないか、朝鮮半島を取り巻く情勢に対して韓国ひとりの力で大きく動くということはないし、ましてや哲学もビジョンもない李明博政権では何もできないということです。先ほども言ったように、大きな流れはすでに統一時代に入っています。この流れを逆転させることはできません。

◇◇◇ 大義のない勝利よりも大義のある敗北を

次に在日朝鮮人の問題です。現在、在日朝鮮人は日本社会の中で圧力を受け非常に厳しい状況にあります。しかし、6・15共同宣言以降の統一時代の始まりがもたらした影響が、在日朝鮮人社会にもひしひしと押し寄せてきています。在日朝鮮人の選択肢が非常に多様になってきました。いろいろな可能性が広がってきたということです。これまで分断と冷戦の壁に遮られてきた朝鮮半島、そして第三国と、様々なつながりを持つことができる状況になっています。

そもそも私は、在日朝鮮人が日本の中で困難な状況に置かれていることを、かならずしもマイナスだとは考えていません。そういう状況に置かれているからこそ、日本がどういう国なのか、自分たちの歴史的な立場はいったい何なのか、といったことをより明確に理解できるのではないのですか。

私は時々、日本人に生まれなくて良かったと感じることがあります。「加害者にならなくて良かった」と思います。逆に言うと、日本人は歴史的責任を直接的に負う立場にある。加害者の立場から解き放たれていないということです。国際的な場で日本が自己主張することができない本質的な障碍がそこにあるのではないでしょうか。もちろん、先ほどから言っているように、東アジア地域における帝国主義的な支配秩序から南北朝鮮が解放されない限り、在日朝鮮人の可能性も本当の意味で拓かれることはないわけですが……。

表面的に見れば、在日朝鮮人の置かれた状況は、当分ひどくなっていくでしょう。だからこそ大切なのは、自分たちを限りなく日本人に近い存在として位置づけるのはマイナスだということです。自分自身が誰であるのか、どういう歴史を持っているのか、どういう立場にいるのか、これらをはっきりさせる。自分の正体性を明らかにせよということです。そうすることによって、朝鮮人は、アジア、世界の中で大きな可能性を持てる存在になれると思います。

人間は、マイナスがプラスで、プラスがマイナスでもありますよね。自分の立場のマイナスだと思われている部分を見直して、これは実はプラスなんだと考えてみる思考の転換も大切です。先ほど、私は「日本人に生まれなくて良かった」と言いましたが、能動的には「朝鮮人に生まれて良かった」と考えています。そういった感情が民族的な誇りと言われているものなのでしょう。いろんな困難や辛いことがあっても、それを逆の方向から見れば、自分にとってプラスになっていることがわかります。

私は監獄に囚われていたことも、囚われているから当然不自由だし困難は多いしどうしようもない状況だけれど、ふり返ってみるとプラスだったと感じています。日本の片田舎で生まれた私が、祖国の歴史の現場のまっただ中に身を投じたがために囚われ、監獄の中で分断と抑圧による数々の苦難を受け続けてきた人たちと一緒になれた、そういう人たちと共に発言できる立場に到達できたのです。

私は特別に、たいした者ではありませんけれど、日本にいても、韓国やアメリカやその他の国に行っても、私の体験の中で形成された思いを理解してくれる多くの人たちと出会うことができます。多くの人たちが、私と私の事件について、すでによく知っています。その出会いが多くのコネクションを即座に作ってくれます。そういう自分の立場が不思議に思えるんです。マイナスだと思われることが、実はプラスだったからに他なりません。

マイナスが単純にプラスになるというのではなく、私がいつも思うのは、「大義のない勝利より、大義のある敗北のほうが勝る」ということです。大義のない、すなわち目先の利益や快楽にひかれて小さな勝利を得たところで、結局それは、大きな敗北になる。私が監獄に入れられたのは勝利ではなく敗北だと言えるでしょう。しかし、私は統一を望み独裁政権に反対するから投獄されたわけです。それは、韓国における反独裁民主化闘争の勝利や統一運動の飛躍的発展という結果を見れば、理のある敗北だったと思っています。

私の場合、生きている間に報われたわけですが、そういう場合は珍しいし、私は幸福だと思います。生きている間に報われなくても、歴史が見直される中で、多くの人が再評価されています。そういう人たちは、歴史の進歩、よりよい社会の実現に貢献したと言えます。

在日朝鮮人も、日本政府や日本社会の圧力に屈して、「もう、朝鮮人やめる」というのではなく、自分の思いや主張が間違っていないならば、目先の利益にとらわれるのではなく、大義ある敗北を選ぶほうが良いと私は思います。結局、それが勝利する道なのです。

（08年3月15日、『イオ』編集部にて）

Ⅲ 日本における朝鮮人はどういう存在か

——在日朝鮮人と正義の回復

鵜飼 哲（一橋大学教授）
徐 勝
●記録
金《キム》友《ウ》子《ジャ》（立命館大学コリア研究センター）

徐勝■今日の対談のテーマとして、おおざっぱに在日朝鮮人と正義の回復を考えました。それで、まず問題になるのは、在日朝鮮人とは何かです。今、アイデンティティの問題をめぐって、たとえば多文化共生論があり、日本人論から在日論までいろいろあります。その根底にあるのが近代の人権思想・人間の尊厳であり、それが西欧と東アジア、朝鮮と日本という関係の中でどうだったのか。つまり文明と野蛮という西欧近代の「侵略と支配」の論理に乗っかって存在していたのではなかったかという点です。

そういう近代文明観や人権観を根底として、「人は生まれながらにして尊厳があり平等である」というテーゼが、在日朝鮮人を含めて東アジアの人々に、ある日、どのように降りかかってきたのか。「侵略と支配」という近代西欧の文明史観の上に今日の世界が構成されているところから、当然、過去清算の問題が出てきます。しかし結局、今、過去清算、言い換えるなら、時期遅れの正義（delated justice）、移行期の正義（transitional justice）が韓国の民主化の流れで大きな問題になっていますが、日本あるいは「在日」との関係ではどうなっているのか。それがまさしく、反人種主義世界会議という２００１年のダーバン会議で植民地と奴隷制の歴史的清算に関する、加害側と被害側の葛藤につながっていって、そこに日本が加害の側として存在している。日朝ピョンヤン宣言（02／9・17）の問題と拉致問題も、まさにこの問題にかかわっています。そこをどのように見るのか。時代をポンと超えて、非歴史的な普遍的人権や人間の尊厳を主張する側と、文明と野蛮という構図に異議申し立てをしようとする側の正義のぶつかり合いがあるのではないかと思います。

在日朝鮮人にとって、その権利の問題を「差別」という現象的で平板な人権に還元してしまうなら、奴隷化され、植民地化された歴史の真実と蹂躙された権利は見えてこないと思います。その大きな歴史の流れの中で日本における朝鮮人はどういう存在であり、これからどうなっていくのかを考えてみたいと思います。これからのことは全くわかりませんが（笑）。

徐勝▩鵜飼さんは長らく梁石日《ヤンソギル》さんなどと一緒に研究会をしていますね。在日朝鮮人との広範なつきあいがあります。鵜飼さんは在日朝鮮人になぜ関心をお持ちですか。

◇◇◇ 私が在日朝鮮人と出会ってきた時代

鵜飼▩在日朝鮮人の個人との出会いと、状況というか関係性という意味での出会い、その両方の次元があると思います。私が出会ってきた時代の中でその両方が非常に複雑に絡み合い、私の在日朝鮮人の人々との交流が、それは大変な幸運だと思っていますが、今日まで続いています。一人の方と出会い対話が始まることで、いろいろな経験が沈殿していきます。この間はとりわけ新しい世代の、それも一人一人経てきた歴史の違う在日朝鮮人との出会いが増えています。一回一回、一からの始まりであるという思いをこのところ深くしています。

その理由はいくつかありますが、なかでも大きな経験としては、いまだ非常に不十分な制度的基盤の上でですが、私のいる一橋大学の大学院で、朝鮮大学校出身の学生が形式的な手続きを経れば受験資格を得られるようになりました。これは大学院が96年にできた直後に相当大変な過程を経て実現したことです。京大から民族学校出身の学生の受験資格を認めようという提起が出てから、文科省の意向を窺いながら、新校舎建設問題などもからみつつ、喧々諤々《ガクガク》の議論を闘わせた末のことです。今まで数人、3人ほどでしょうか、朝鮮大学校から学生が来ました。私のゼミにも、アフリカ研究を志している若い修士一年の学生がいます。

私にとってこの世代の民族学校出身者との出会いは非常に重要です。独立大学院なので一橋出身の学生はむしろ少数です。首都圏ばかりでなく関西の大学から来ている人もいます。沖縄出身の学生も中国の留学生もいて、ある意味で誰もマジョリティではないという環境で、いろいろな経験が交流する場になっているのが結果的によかったと思います。

朝鮮大学校と一橋大学は地理的にも近く、これからもできる限り交流を進めていきたいと考えています。また、昨年12月には在日本朝鮮留学生同盟関連の「日本と朝鮮半島の『次代』を創る学生フォーラム２００７」が学内で開かれました。こうしたなかで、民族学校にかかわってきた在日朝鮮人の青年の姿がいままでよりも見えるようになってきています。このような学生たちの日本社会とのかかわりも多様です。場合によっては、大学院ではじめて日本社会と正面から出会うというケースもあります。そのような場合、修士論文の主題の選択や内容にも、なまなましい格闘の跡が刻まれることがあります。

徐勝▩私は朝鮮学校に通ってはいないし、日本の学校に素直に通ったわけでもありません。もちろん、幼いころ、まだ記憶もないころに体に刷り込まれたものはあるでしょうが、自らを朝鮮人であるとは、はっきりと認識していませんでした。だからといって、日本人だと認識していたわけでもなかった。朝鮮人意識がはっきりしてくるのは、一方では、アボヂ（父）、オモニ（母）の家庭教育、他方では日本人が絶え間なく私は朝鮮人だということを教えてくれた結果だろうと思います。

朝鮮学校は純粋培養器のように言われていますが、私は朝鮮学校出身の学生がどのような教育を受けてきたの知りません。最近、私は日本と韓国の学生を百名ばかり連れて九州でフィールドワークをしました。筑豊の炭鉱地帯、北九州の朝鮮学校などを訪問しました。朝鮮学校もずいぶん変わりました。国際化の流れの中で――もちろん日本で国際化が何を意味するのかは問題ですが――日本社会に受け入れられうる自分たちの存在をずいぶん意識しているようです。日本学校や社会と交流したり、日本人を学校に招いたり、学校の開放をやっています。韓国との関係も広げている。こういう状況で、少し前に朝鮮学校で教育を受けた「純粋培養」の学生のイメージとは非常に違っているようですね。

一橋大学の朝鮮学生について、鵜飼先生からお話を伺いましたが、私は日本の中で語られている在日論、多文化共生論、国際化などが、あまり胸にストンとこないところがあります。多文化共生にしても国際化にしても、在日論にしても、グローバル化だとか言っていますが、実はそうではなく、日本化というか、日本社会の価値、日本社会へ誘導しているのではないかと思っています。話が少し飛ぶかもしれませんが、私にとっては、他者に規定され、朝鮮人であるということは、不条理なもの、運命として存在しているわけです。それをどのように捉え、どのように考えるかを抱えながら一生を暮してきました。

鵜飼さんの朝鮮人との出会いは、すべて個別的な関係でしょうが、自己とは全く異なるものとして存在している。そこから自己とは何かを考える契機を得るのですが、そのあたりのことについてお伺いしたいですね。

鵜飼■私は1955年生まれで、日韓条約の頃が小学校5年生でした。

徐勝■私とちょうど10歳違いですね。

鵜飼■そうですね。55年体制の年に生まれました。朝鮮総連の誕生、自民党、社会党、その後の時代の状況を規定したいろいろな組織の誕生の年であり、日本共産党の六全協やバンドン会議の年でもありました。そして、ベトナム戦争の時代に政治意識や世界観を形成していきますが、大学入学は73年ですからポスト全共闘世代ということになります。たまたま学生時代を京都で送ったので、東京の同世代の人たちとは多少時代感覚の違いがあります。私の学生時代、徐勝《ソスン》先生の姿は京都の風景の一部でしたから、今日、こういう形でお話しさせていただく機会があり幸運に思っています。

東京の生まれ、育ちなのですが、在日朝鮮人との最初の出会いを、私はおそらくわかっていなかったのだと思います。私の通った中学、高校は田端と日暮里のあいだ——まだ西日暮里という駅はありませんでした——の高台にありました。その下の方には東京の朝鮮人集住地区の一つがありました。多かれ少なかれその地域から来ていた学生がいたはずですが、日本名で来ていたのでしょう、私の記憶にはありません。ただ、クラス会に行かないので確認できないままなのですが、朝鮮人だったのではないかと後から思うようになった友人がいます。高校1、2年のころ、沖縄返還協定に反対する運動があり、私にとってはデモなどに参加する最初の経験でした。そのときその友人が校内の新聞にイラストを描きました。沖縄がサンドバッグになり、ボクサー——日本です——がこう言っていました。「昔はずっといじめてやったけど、帰ってきたらまたいじめてやれるから楽しみだ」。ボクサー姿の日本がサンドバック姿の沖縄を待っている、そういうイラストでした。それは私には大変な衝撃でした。このイラストは、沖縄は日本ではないということをはっきり認識させる力を持っていました。

今から考えると、この友人は日本人だったとは思えないのです。卒業以来会ったことはありませんが、大学院に入ったころ共通の友人から彼が『青丘』という雑誌に朝鮮史について発表した論文を見せてもらいました。とはいえ、それで彼が在日朝鮮人だと確実には言えないでしょう。しかし、あれだけの表現力と歴史感覚を同世代の日本人が持ち得たとは到底思えないところがあり、彼との出会いが、もしかしたら私にとって最初の在日朝鮮人との出会いだったのかもしれないと考えています。同時に沖縄についても目を開かれたのですから、この経験は私にとって非常に重要でした。

大学に入って京都に来ますと、当時の学生運動にとって在日朝鮮人問題や日韓連帯運動は大きな課題の一つでいろいろと学ぶ機会がありました。比較的反スターリン主義的ではない潮流に加わっていたこともあり、近くの韓銀信用組合で共和国の映画「抗争の大地、南朝鮮」を見たり、平均的な活動家としての学習過程、自己形成の過程がありました。東京よりもはるかに直接目に見える形で、例えば友人のミュージシャンにも在日の人が多く、いろいろな回路から在日朝鮮人の問題に入っていくことができました。大学の寮に入ると丸正事件の支援をしていた宋斗会《ソンドゥフェ》さんが住んでいたり、在日朝鮮人の寮生とも出会い、長い時間をかけて討論する機会が得られました。そうしたなかで、私の在日朝鮮人との関係の基礎が形成されていきました。

◇◇◇「在日」に限定すると

徐勝■いわゆる朝鮮人、韓国人たちの権利獲得闘争の中で、在日論だとか多文化共生という話が出てきます。それが朝鮮人に対して理解のある日本人、進歩的な人たちからそのような問題提起がなされてきたという印象があります。私自身はよく知りませんが、在日朝鮮人社会の中で、朝鮮人を「在日」というところに限定してしまうと見えなくなる部分があると思います。何よりも、在日朝鮮人に文化的・歴史的・政治的に決定的だとも言える、根深い影響力を持っている朝鮮半島を排除して在日朝鮮人を語ることができるのかという問題です。特に私の場合は、暮らしてきたのも日本が半分くらいだから、あとは、韓国の監獄やアメリカ、カナダなどで暮らしてきました。在日というところに限定する話には、とても違和感があります。鵜飼さんは、日本における多文化共生であるとか、在日の権利論だとか、たとえば参政権問題も含めて、日本人の側からどのように考えるのでしょうか。

鵜飼■とても深刻な問題ですね。私が大学に入ったころには農学部に飯沼二郎先生がおられました。飯沼先生のグループは在日朝鮮人の日本における市民権という問題を論じ始めていましたが、大きな流れとしては、私たちの学生運動の中でそれは非常に評判の悪い議論でした。市民権自体が同化の手段とみなされていました。それが私にとってこの問題の最初の構図であり、基本認識は今も変わらないまま、時代の推移や様々な出会いを通じて、その認識にさまざまなニュアンスが加えられてきたと言えると思います。

韓国の盧《ノ》武《ム》鉉《ヒョン》政権はすでに韓国在住の外国人に地方参政権を認め、それと同時に日本在住の朝鮮人に対し、基本的に韓国籍の人のみが該当するのでしょうが、地方参政権を認めるよう要求しています。日本側はそれに応えていません。そのような国家間の交渉が一方にあり、他方で国家間の関係性に規定されきらない形で生きてきた、日本における朝鮮人の歴史がある。この二つのレベルを混同してはならないと思います。

今回、徐勝先生がお書きになったものをいくつか読ませていただきました。たとえば在米韓国人というときの「在米」という言葉と、日本で在日朝鮮人というときの「在日」という言葉と、この二つでは全く響きが違う。「在日」とは単に形式的に日本にいることを意味するのではない。だからこそ、「在日」という言葉が単独で在日朝鮮人を表す言葉になるといっている人もいます。ここのところを、この際、徹底的に考えねばならないと思います。

「主権」という大きな枠組みと「民主主義」というもう一つの原理、この二つの概念が今の世界では非常に激しく動揺しながらも、「民主主義」がまだ「主権」の枠に囚われている時代であろうと思います。この拘束を問わずに市民的諸権利を主張すれば、必然的にすべての「主権」的圧力を受け入れることになりかねません。ここに根本の問いがあると考えています。市民的諸権利が一つ獲得されるたびごとに、はっきり意識しうる形で、それも日本人、朝鮮人の両方に意識しうる形で、「主権」の論理が後退していく。そのように市民的諸権利が獲得されるにはどうすればいいのか。ここに直視しなくてはならないアポリアがあると思います。様々な兆候からみて明らかに「主権」の論理のある種の限界が見えてきている、そういう時代でもあろうかと思います。主権のかなたでどのように出会えるのか、しかも、単にグローバリゼーションの結果や抽象的な「人間」としてではなく、歴史的な民族経験を背負った存在として出会えるのか。それを可能にする空間はどこにあるのか、どのように発明されうるのか、日々考えています。

私は今、形式的な立場としては、地方参政権は認められるべきだと考えています。それを認めなければ、税を徴収する権利を地方自治体や日本国家が主張することはできません。選択を迫られているのは日本の行政の側であり、どちらかを選ばなくてはならないのです。税を徴収しつつ権利だけ剝奪し続けることは、日本人の立場からしてきわめて不当なことだと思います。ただ、地方参政権が獲得されたのち、その社会的、歴史的帰結がどうなるのか。それについて多くの不安があることも事実です。

徐勝▒在日朝鮮人一部の参政権の要求の根拠としている、「税金を納めているから権利をくれ」という論理には、私は違和感があります。在日朝鮮人にかかわらず、どこの国にいようが、例えば、アメリカ政府やイギリス政府に税金を納めたりしますね。それを、アメリカ独立宣言のように、社会契約説に則して最初に想定されたように、自分たちが作る社会に対して納税の義務を負うのではなく、今は目に見える形で、いや、大部分は目に見えないかたちで強制的に徴税されている。いわば収奪されている状態です。

いずれにしても、そこに考え方の違いがあります。一部の参政権を要求している人たちは、「公民意識」をもって、自分で進んで日本社会に参画しながら税金を納めているのか、というのも問題ですが、税金を納めているから権利があるんだという論法は、いわゆる福祉国家論以降、自動的に成り立つものではない。実は逆に、税金を納めない、納められない人にも、人間としての権利が認められねばならないというのが現代の人権の考え方であって、そこに自ら税金を納めたいと思って納めているわけではない（収奪されている）人間が、税金を納めているんだから権利をくれ、ということは、飛躍があるのではないかと思います。もちろん、徴税には、徴税による財源が納税者の福利や公共の利益のために使われるという論理が前提されており、納税者は徴税の範囲・方法の決定、税金の適正な分配・使途の監視を行う権利が予定されていると考えられますが、実際にはそうではない。植民地支配や階級社会において、徴税は一方的・強制的に支配者によって行われ、基本的には納税者は税制や財政については関与しない。「代表なしに、納税なし」と謳う近代代議制民主主義制度においても、徴税と財政は必ずしも一致しなかった。現代社会において、その乖離はますます激しく、税金を一旦納めると、それが具体的にどこにどう使われるのかは、全く「八幡の藪の中」のような状況です。ある意味では、参政権というアリバイが「血税」をも含めた徴税を正当化するために使われることを憂慮せざるを得ないのです。

鵜飼■そうですね。もともとは闘いの論理として出てきた考え方です。政治的諸権利が第三身分にない時代に、権利が与えられなければ税金は納めないという主張でした。しかもこれは、税金を納める余裕のある人たちが、ブルジョア革命のなかで力をもってきたときの論理です。それを転倒して、税金を納めない自由がないところで税金を納めさせられていることに対して権利を求めれば、そこには必ず倒錯が生じます。

徐勝■そうです。その辺がどうも日常の中で、税金を納めているのに権利をくれないという話に短絡している。自分が獲得しようとしている権利が一体どのような権利なのかという考察がないんですね。たとえば、結論からいえば、私は日本国民としての権利をやるからと言われても困ってしまうわけです。日本国民としての義務と責任を負いたくないから。その間、明らかに自分がそれと向き合ってきた、敵対といってもいいかもしれないですが、日本国民としての権利に支えられている日本国家、そのなかで、日本国民が背負わねばならない歴史的責任をともに背負いたくありませんから。そういうことが一般にあまり理解されていない。

◇◇◇ 近代社会の根底としての人間の尊厳とは何か

鵜飼■形式的な近代の原理をそのままもってきて論理を組み立てれば必ず変な話になっていきます。近代の約束事とされてきたものが、強い言い方をすれば解体の危機に瀕している。その時にある種の在日論は、近代の論理を自明のものとして、そこから論を出発させているようにみえます。第三項としての普遍的なものを想定し、朝鮮と日本という特殊性の間の対立から逃れたいという精神の運動がそこにあり、それが一つの落とし穴になっているのではないでしょうか。

徐勝■それは僕も考えていませんでしたが、一般によくいわれるのは、日本人の「進歩的知識人」のなかでは、普遍的な権利として参政権を与えるのは当然であって、それを選択するかしないかは、朝鮮人なり他の外国人にあると、言いますね。けれども、それもどうなのかなと思うことがあります。先ほどおっしゃったような、主権国家と市民社会の相克を前提にするならば、今、いわゆる国際関係の根底にあるのは主権国家であり、当分の間は主権国家の時代が続くだろうと言われています。結局そのせめぎ合いのなかで、市民社会的なものがよくて主権国家は悪だと、いうのがポストモダニズムなのかはわかりませんが。そういう考えにも何かしっくりしないものがあります。

鵜飼■市民社会も今の世界の現状から考えれば国家主権と切り離して考えられるものではないでしょう。この社会の統合は非常に強力に国家と資本との論理で出来上がっています。

徐勝■もちろん、今の世界でそれは直接目に見えないかたちになっています。その間に、媒介物として、文明と野蛮という考え方が存在しているのだと思います。まさに西洋における主権国家体制の形成と登場というのは、文明と野蛮という考え方をその根底に敷いており、アジアはそのなかで野蛮に位置していた。いうなれば、日本は野蛮から文明へと、明治以降、一心不乱にかけぬけようとしたわけです。その結果、竹内好もいうように、到達点は文明ではなく野蛮だった、と。昨年12明治大学での南京虐殺70周年のシンポジウムで、南京虐殺における日本の蛮行がまさに、主観的には文明に向かおうとした結果としての野蛮だったのではないかと言いました。第二次世界大戦以後、いちおう世界が主権国家体制に入る。植民地も一応なくなる。そのなかで文明と野蛮というものが、国際関係や国際法の中で、明示的には存在しなくなったが、在日朝鮮人の問題も含めて、今おっしゃった主権国家と市民社会の関係の問題にしても、文明と野蛮の二分法がきわめて明瞭に存在しているのではないかと思います。

鵜飼■間違いなくそうだと思います。大変難しいのは、文明と野蛮という構図を根底に置いて近代的な歴史観が形成されてきた点です。

徐勝■それに支えられているのが西洋の市民社会の論理です。

鵜飼■そうですね。とはいえ、歴史の進歩という考え方は手放せないと思います。民主化は歴史の進歩だと思いますし、アパルトヘイトの解体も歴史の進歩だと思います。そのことと、文明と野蛮という構図をいかに切り離すかが、今の時代の大きな課題ではないでしょうか。今、日本は非常に微妙な時期に来ています。たとえば死刑の問題があります。現在のヨーロッパから見れば、日本の死刑制度は野蛮の最たるものです。この見方を支えるアイデンティティは、ヨーロッパがまず死刑を廃止したという歴史認識にあります。その観点から、アメリカも、中国も、日本も、ヨーロッパ人には野蛮に見えています。私は死刑廃止運動に間接的にかかわってきましたが、死刑廃止という「進歩」を、この文明／野蛮の構図から明確に切り離して考える必要を感じています。

他方で、この点でも他の点と同様、今、東アジアのなかで日本は明らかに遅れ始めています。韓国や台湾のように独裁時代に死刑が乱用された地域では、この刑罰に対してはるかに鋭い感覚を民衆がもっています。徐勝さんご自身が元死刑囚でいらっしゃいますけれども……。この感覚を日本人は持っていません。そうであるがゆえに、歴史の進歩のための重要な手がかりを、自分たちの目に見える限りの過去の中からつかみ取ることができません。これは大きなパラドックスです。ここに、歴史の進歩という思想と、文明／野蛮という構図を、いかに切り離すかを考える場合の大きなポイントがあるように思います。

徐勝▩ご存じのように民主化の根底、出発点を支える礎は、個人の尊厳です。個人の自律・自立です。人間の尊厳とは何かという話しですが、私はヨーロッパに長くいたことがありませんので、そういった意識が個々人の中でどのように認識されているのかわかりません。少なくとも東アジアに関しては、それが外から襲ってくるというか、まさに西洋文明が襲ってきたように、襲ってくるものとして流入しました。私の実感では、人間の尊厳とはなにかの答えは、尊厳として個々のなかに十分に実感されているとは言い難い。韓国もそうです。

日本のなかで、私の生活圏は非常に狭いものですが、出会う学生たちも含めて、尊厳に対して本当に内面化されたものとして存在しているのかについては疑問です。そこに、たとえば日本にしても、韓国や台湾における民主化がありましたが、その経路の違いが存在していると思います。なので、先ほど鵜飼先生がおっしゃられて、近代社会の根底になっている人間の尊厳とは何か、ということと、そういうものが、成熟した市民社会の中では内面化されているのだろうかよく分かりません。私は東アジアにおける、近代化というものは、まさしくこの西洋から来た近代に対する対抗論理のなかで、相手の武器を奪い取って相手に突きつけ、相手に似せて、自分が変わっていく過程だと思います。

中国にしても朝鮮にしてもそうですが、朝鮮では、近代的民族主義は３・１運動（１９１９年）を契機に形成されている。大きなメルクマールとしては、それ以降、復辟（王朝復活）論がほとんどなくなってしまった。個人の内面化はともかくとしても、同質な社会というか、全体を同じ民族として、同族として考えることのできるような認識の基盤を考えたときに、日本に対抗するなかで、すべての人間がいろいろな形で協力していかねばならない。そのなかで道具的なものとして、近代的なシステムを学んでいった。抗日パルチザンだって同じで、その歌のメロディーはほとんど日本の歌謡曲だったり、唱歌でした。中国もそうですね。そのなかで近代性を獲得した。西洋社会での、個の確立と人間の尊厳というのとは別のルートをたどったのです。そうして形成されたものが、いったい何なのかといわれると難しいですが……。

鵜飼▩私はフランスを中心にしたヨーロッパの思想や文学を専攻していることになっていますが、「個」というものが本当に何のかは、一言でいえば、ヨーロッパでも常に模索されており、今も模索されており、自明なものとは言えないと思います。だからこそ、例のフランスの公立学校におけるスカーフの問題などが出てくるのです。その女子学生にとってスカーフを着用して登校することが尊厳であるのかそうではないのか、個人の尊厳にかかわることなのかどうか。この問いがフランス人の間で決着のつかない論争になっています。私などは――おそらくこれは多くの非フランス人がそう思うでしょうが――、それは尊厳にかかわることだと、当然そう考えるわけです。しかし、非ヨーロッパ系の出自の人も多く含まれるフランス人の間では、先ほどの言葉を借りれば、スカーフはまさに野蛮の印であって、スカーフを着用しなくていい状態を見出すことが、その女子学生にとって尊厳の第一歩だと考える人たちもたくさんいます。文明化の使命＝ミッションという思想がこの立場からは透けて見える気がします。

89年に最初に問題となったとき、女子学生を高校から追放したのは（カリブ海の）マルチニック出身の教師でした。フランス的な公教育、世俗教育の理念を、「自由・平等・博愛」という標語とともに内面化している進歩的な先生によって事件が起きたのです。今、徐勝先生が示唆されたような、ヨーロッパ近代の経験とは異なる経路での尊厳獲得の必要は、現在のフランスの只中にもこういう形で存在しています。ここでは、ヨーロッパで学んだことを単に東アジアに適用することが問題なのではなく、いずれの地域も実は同質の問題となお格闘中であると考えられると思います。

◇◇◇「正義」という言葉をめぐって

徐勝■文明のミッションというか、善意の強要というか、在日朝鮮人の参政権問題に、その匂いを感じないでもありません。それだけではないと思いますが、そもそも尊厳というものが、キリスト教的なものなのでしょうか。

鵜飼■私はキリスト教以前からあると思いますし、「個」ということでいえば、おそらく、アブラハムという人が、旧約聖書でいえば最初に神と一対一で向き合ったことが最初の「個」の経験とされています。しかし、ギリシアではヘシオドスが最初に自分を語った人であるといわれています。それ以来、自己を他者と区別して語る営み、自伝的な営みが、西洋である種の伝統を形成してきたとされています。それはキリスト教の告解の制度と絡み合っているとも言われています。私はポストモダンという言葉はあまり使いませんが、「個」の形成といわれてきたものが実は支配や統治の裏面であったという指摘も様々な角度からされるようになっています。今の世界のどの地域から出発しても、一人であるという、その自由を確保することは依然としてとても難しい。でも、それは決して単にネガティブな事柄ではないと思います。新しい世代が一人一人、一生をかけて、「個」の尊厳の実現を目指すところに、変革のエネルギーもあるのではないでしょうか。この点で、竹内好が日本の敗戦直後に直観的につかんだもののなかにも、東アジアの問題を考えるときのいくつかのヒントがあると思います。

徐勝■私は参政権については慎重な立場なので、在日朝鮮人の一部からオールド・タイマー（時代遅れ）と言われるゆえんがその辺にあるのでしょう。韓国でも参政権問題については、進歩的といわれる金大中大統領が政権をとって、民主改革の名の下で、簡単に進められてきた側面があります。同時に、韓国にいる移住労働者の問題などの脈絡から見ると明らかなのは、参政権をもって韓国のナショナルフラッグを掲げろという風につながっているのです。

鵜飼■そうですね。権利と義務が一体になっている。

徐勝■日本における参政権の議論も、結局、日本国家というものを前提としている。近代市民社会はそういうものなのだろうけれども、人としての権利とシチズンシップが一体になっています。そういう脈絡で、日本国家へ外国人を回収する論理、特に参政権問題は、内輪の仲間として規定された「永住者」という枠組みにあります。今年の1月から私は一般永住許可者だということで、日本人やそれに準ずる特別永住許可者とは異なり、国外旅行をして再入国するたびに指紋と顔写真を撮られています。最近の外登法改悪で出てきているように、特殊な「永住者」を取り込み、それ以外に対しては排除を強める流れと軌を一にしています。差別と取り込みが同時に進行しています。

鵜飼■新しい権利の根拠をはっきり明示する必要があると思います。「主権」の論理は、近代においては基本的に「どこで生まれたか」「誰から生まれたか」という出生の問題、すなわち生地と血統を根拠にしています。私は、このような根拠と「主権」の論理の共犯性が、今、世界的に揺らいでいると考えます。主権国家の権利・義務という、権利が与えられれば必然的に義務――国防まで含む義務――が課されるという拘束を突破するような、生地でも血統でも帰化でもない、市民権の新しい根拠が求められているのではないでしょうか。私はそのなかで、「歴史」と「労働」をどのように位置づけられるのかを考えています。「歴史による権利」「労働による権利」が、根拠がはっきり明示される形で獲得されるならば、今までとは別のことが起こるかも知れません。

徐勝▒それはまさしく、私が先ほど言及したダーバンでの反人種主義世界会議で提起された植民地と奴隷制の罪責をどのように認めるのかという、過去清算の問題につながると思います。結局、参政権の問題にしても、いわゆる共生社会の問題にしても、それらとは全く違った論理として認識しなくてはならないでしょう。どちらかというと、参政権要求運動は日本という国民国家のなかで限りなく日本人に近い在日外国人にならせてくれという、権利闘争であるイメージを持っています。これでは、鵜飼先生が今おっしゃったこととは全く違う話しですね。ここで私は在日論に胡散臭さを感じるわけです。

過去清算という、歴史における正義の問題がかなり等閑視されている。逆に言うと、日本のような社会で、今、民主党にしても自民党にしても一部参政権付与の問題をどうするのかという問題が、日韓関係の脈絡の中で論じられていますが、そういうひとたちは歴史的な正義の実現や過去清算とは全く逆で、反共同盟的な発想で、この問題を接ぎ木しようとしている。在日朝鮮人の問題と、あるいは東アジアの問題、日本の問題と連ねて、歴史的な正義の実現とはいったい何なのか、鵜飼先生のお話聞きたいですね。

鵜飼▒私も実は、4月から始まる学期に、ゼミでダーバン会議の研究をしたいと思っています。ダーバン会議はご存じのように２００１年の８月から９月にかけて行われた重要な国際会議でしたが、その直後に９・11が起こったため世界的に明確に記憶されていません。しかし、近年、フランスでもいくつか本格的な分析が出て来ています。

ヨーロッパの旧植民地宗主国と日本は、今の世界政治の中ではそれほど共犯関係になりにくい。アメリカとの位置がかなり違いますから。しかし、植民地主義の過去が問われたこの局面では一番近いところに来てしまった。とりわけ奴隷制の問題をめぐって、アフリカ諸国とヨーロッパ諸国の関係が一挙に深刻化しました。ダーバン会議でもうひとつ深刻だったのはイスラエルとパレスチナをめぐる問題でした。１９７５年の国連総会でシオニズムは人種主義の一形態であるという規定が決議されたのですが、湾岸戦争後この決議は破棄されました。ダーバンではその規定を復活しようとして、とりわけアイルランドの元首相メアリー・ロビンソンが尽力したのですが、当然ながらイスラエルの強い反発がありました。第二次世界大戦以後、脱植民地化を経て曲がりなりにも定着してきたこの世界の約束事が、このままの形ではもうこれ以上歴史を「進歩」させる力がなくなり壁にぶつかったという意味が、この会議にはあると思います。ダーバンという、かつてアパルトヘイトが行われていた南アフリカ共和国で――徐勝先生が解放されたのはネルソン・マンデラが解放されたのと同じ月でしたよね？――「アパルトヘイトは人類に対する犯罪である」という言葉を合言葉に、国連を中心に様々な動きがあったまさにその場で、アパルトヘイト廃止と同じ論理で歴史的正義を追求する方向にもう一歩進もうとした途端、大変な壁にぶつかってしまった。そのことと、9・11以後に世界で起きたこととの間には、深い照応関係があると思います。

私は「過去清算」という言葉に、とりわけ「清算」という言葉に、やや違和感があります。過去の事実を明らかにし被害者の名誉を回復するために一定の手続きは当然必要ですが、それで「清算」ということにはならないと考えています。歴史的・政治的な、とりわけ国家によって犯された犯罪は、ある意味で時効がないし、消えないと思っています。それを消すことはある意味で人間の業《ワザ》ではないのではないかという思いも一方にあります。それを「清算」という言葉にはいろいろなニュアンスがあると思いますが、被害と補償とを計算してそれを合致させるという、そういうフィクションであり約束事でもあるようなことに国家が関わっていかざるをえない、その必要性のなかである種の妥協として出てきた言葉だろうと思います。そう考えると、一面的に拒否はできませんが、自分の言葉にしようとは思いません。

徐勝▒それでは、正義の回復や正義の実現といった言葉に関してはどうでしょうか。

鵜飼▒この言葉についても、私はある意味で同じ思いを持っています。単純には言えませんが、「正義」という言葉をいかに正しく使うかはつねに困難だという気持ちがあります。正義の回復には二つの意味があると思います。具体的な被害を受けられた方に対してどのように名誉回復をしていくか。そのことによって、失われた尊厳を、いかに社会的に回復していくことができるのか。そのプロセス全体が正義の回復だと思います。一方で、そのプロセスを通じて、正義という言葉そのものに、どのようにそれにふさわしい意味を返していけるかが問われます。しかも、その課題が、次の世代に相続されるように闘っていかなければなりません。日本が90年代前半——95年の「曲がり角」という言い方を私はよくしますが——歴史の道を曲がり損ねて、それ以前も問題だらけの社会でしたけれども、そこからここまで12年、急な坂を転がり落ちてくるようなプロセスがありました。日本では、死刑存置・存続を叫ぶ人が頭に描いている「正義」が一方にあります。このような「正義」観を超えたところに、私たちはある新しい思想を求めなければならないと思います。ヨーロッパでは、正義を厳密に考えた人としてカントがいます。人間が動物ではなく固有の尊厳をもっているからこそ、罪を犯したときには死刑を受けなければならないと彼は考えました。彼の人格的尊厳の思想は死刑肯定論と背中あわせの関係にあります。一方先ほども触れましたように、ヨーロッパ人が、死刑がヨーロッパで廃止されたことを超えて、自分たちが世界に広めた観念の中に含まれる混乱やアポリアに向き合わなければ、女性解放にしても、死刑廃止にしても、たちどころに文明と野蛮の構図に置き換えられ、さまざまなところで途方もない倒錯を呼び起こしかねません。「正義」の観念にも同じ注意が向けられるべきだと思います。

２０００年の女性国際戦犯法廷はその一例ですが、90年代から進められてきた様々な社会運動、国境を越えて多くの齟齬を含みつつも協働が進むなかで、新しい「正義」の輪郭が、次第に明確になり、芽生え、育ってきていると見ています。その過程に私自身も、多少なりとも関わっていきたいと考えています。奴隷制についての今のアフリカ諸国の要求を東アジアに置き換えてみたらどういうことになるのか。今まで出てきていないどのような要求が出てくるのか。こういうことをいつも考えます。今の日本の、どちらかというとリベラルな人も含めて、おそらく受け入れられる議論にはなっていかないでしょうし、現在の攻防は、まだそのはるか手前にあると思います。そう簡単に歴史は清算されませんし、一つの問題にある程度見通しがつけば、いままでその奥に隠されていた次の問題が見えてくるでしょう。ダーバン会議では、ナチズム期のユダヤ人迫害に対して行われた補償をモデルにすべての歴史を見渡したらどうなるのかが問われたとも言えます。ユダヤ人だけを特別視するのではありません。むしろ、同じ基準で他の出来事を測ってみたとき、今までとは全く異なる光景が見えてくる。この新しい「正義」の像に直面して、これまで「正義」の概念そのものを自分たちのものだと考えてきたヨーロッパ自身が慌てふためいてしまったという、そういう出来事だったと思います。「従軍慰安婦」の尊厳回復のための運動は、世界的にも先進的な、新しい「正義」の獲得の前線を形成していると思いますし、同時に、当該の方々が次第に亡くなられていく中で、加速されねばならないプロセスだと思います。いずれにせよ、ここでは明らかに未来を切り開く方向で運動が構築されてきている。しかし、日本政府はその方向性を認めない。根本的に言えば、歴史から求められていることに向き合わないからこそ、絶えず矛盾に陥ることになるのですね。

徐勝▩孤立化しているんですね。

鵜飼▩そう思います。

徐勝▩東アジアの歴史理解・認識のなかでの孤立であり、それがまさに外交的日本孤立につながっている。

◇◇◇「和解」という言葉には警戒が必要

徐勝▩先ほど、「清算」に対して違和感をもつと言われましたが、その点は理解できます。ただ、たとえば中国では「血債」という言葉を使います。債権、いつかは取り立てるんだ、借りは返させるんだという過去清算観を、東アジアの人たちは持っていると思います。正義というものが非常に単純に言いますと、「それぞれ持っていたものをそれぞれに返す」、つまり奪われたものの回復だと理解できます。それが、現在と未来にどういう意味をもつのかはここでは言いませんが。清算に対して鵜飼先生はひょっとして和解という言葉を対置されるのかもしれませんが……

鵜飼▩いえいえ、私は和解という言葉にはむしろある種のアレルギーがあります。2000年だったと思いますが、徐勝先生も参加された法社会学会で、私も「復讐の暴力、和解の暴力」という発表をしたことがあります。「歴史的和解」と呼ばれるものは、具体的な場面では、ほとんどの場合、強制されるものです。「和解」と「赦し」をどのように分けることができるかということに、むしろ私は関心を寄せています。和解という言葉には最大限の警戒が必要です。他方で、復讐――ここも尊厳がかかわるところで、なかなか議論に組み込むのは難しいのですが――については、ある種の革命思想の系譜には「崇高な復讐」の観念がありました。先ほど「血債」と言われましたが、魯迅の思想の中にもそれはありますし、あるいは大変問題の多い詩ですが、中野重治の「雨の品川駅」でも、「復讐の歓喜に泣き笑え」という表現が出てきます。復讐が果たされるべきだという思想は、人間の尊厳、人間の歴史に尊厳という観念が生まれてきたことと切り離せないと思います。

単純に復讐はいけないというところから出発してしまうと、尊厳という観念のある部分は、知らないうちに切り落としてしまう可能性がある。復讐とは何かということを、もっと正面から、きちんと考えるべきです。復讐の情念を捨てて和解の理性へというような、なだらかな道が用意されているようですが、少なくとも私はある仕方でこの斜面に抵抗していきたいと考えています。逆に、運動の個々の局面で単純に復讐を肯定することはもちろんできませんが、「復讐＝暴力の連鎖」という出来合いのイメージから一歩身を引いて、別の原則を立てる必要があるでしょう。

徐勝■清算と和解が一続きになるのでしょうけれども。

鵜飼■清算すると計算が済んで、そこで和解になるという……

徐勝■非常にわかりやすい構図ですね。

鵜飼■そうですね。私などはむしろ、自明に見えることを疑問視して問題をややこしくすることが仕事なので……。

金友子■私が関心を持っていることのなかで、本当は課題にしているのだけれども一番こたえられなかったものがあります。在日朝鮮人の解放って何なのか、というのがそれです。「解放」って何？　と言われると非常に難しい。解放されていない状況はいくつか挙げることができます。しかし、それがなくなったら解放なのかといわれると、少し違う気もします。たとえば、みんながあくまで平等に日本名を名乗るのか、民族名を名乗るのかを、本当に平等な選択肢として選べるような社会。しかし、そういった途端に何が違っていく。

徐勝■民族名も日本名も同じでしょう。そういう選択の前では……

金■そういう状況がもしかしたらそうなのかもしれないし、実際は想像もつかないのですが。それと、先ほどの話にも出ていた、正義の実現の話です。在日朝鮮人にとって正義が実現されるとか、植民地支配が今ようやく「清算」されるとしたら、それはどうのような状況のことで、どのような意味をもつのか。この点をお二人にお伺いしたいです。

鵜飼■徐勝さんは「Dear Pyongyang」という映画をご覧になりましたか?

徐勝■ええ、見ました。

鵜飼■そうですか。

金■鵜飼さんも見られましたか?

鵜飼■見ました。とてもいい映画でした。日本社会のこの状況の中で、万景峰《マンギョンボン》号の内部の共同性も垣間みることができますし。

名前の問題もそうですが、個人の自由と記憶や相続がどのような関係にあるのか。多くの人にとって、名前は自分で選ぶものではありません。自分で自分に名前を付けることはむしろ特殊な状況です。それが、在日朝鮮人の場合、いわゆる通名というものがあり……

徐勝■選択を迫られているということが、平等な選択じゃないということです。普通には存在し得ない選択肢が外から突き付けられている。選択というとあたかも平等であるかのような感じがしてしまう。

鵜飼■友子《ウジャ》さんは、たしか千葉のご出身でしたね。

金■関東に住んでいた時には在日朝鮮人社会にあまり出入りしていませんでした。行くといえば、父親が民団の活動をしていたので、民団の新年会などの行事くらいでした。行っても、おじさん・おばさん・おじいちゃん・おばあちゃんしかいないので、友達になりたい人はそんなにいない。私にとっての朝鮮人コミュニティーはそのような感じでした。若い人がほとんどいなかったんです。

関西に来てみて、同じ世代の人がいっぱいいるということを、はじめて知りました。また、関東では「朝鮮」という言い方をほとんどしませんでした。私は一回も聞いたことがなかったと思います。

徐勝■それは時代の違いでは？ 昔はみんな「朝鮮」としか言わなかった。「韓国」なんてめったに言わなかった。

金■とにかく、全然聞いたことがありませんでした。関西にきて、何かの集まりのときに先輩が大学のど真ん中で「朝鮮人集まれー」って集合をかけて、私はそれにかなりビクっとした覚えがあります。

鵜飼▓私の世代では、運動にかかわった者は、大学に入るとまず「韓国」と言わないことを覚えました。「南朝鮮」という言い方を覚えるのです。数年後、とてもよく覚えているのですが、その「南朝鮮」が経済的に発展しているという現実が見えてきたときのショックは忘れられません。私の世代の活動家は、それがすぐには受け入れられなかったという経験を持っています。

徐勝▓社会主義の崩壊や、そういうことにつながる話、スターリニズムのいわゆる内部告発を確認するそういう過程ですとか。全部問題ですね。

今、韓国の民衆美術に少し関心を持っています。美術だけではなく文学でもそうですが、面白いのは、1990年代半ばから革命論が衰退して市民社会論が台頭してくる。たいがいは、冷戦の崩壊つまり国際社会の変化によって変わったと説明されます。もちろん国際関係は変わりました。しかし、それまで民衆として概念化されていた、つまり階級論の視点からみられていた人々の現実が、突如89年を境にして変わったわけではありません。独裁政権は倒れたとしても、それ自身が内部の構造を転換——政治的な側面はともかくとして——させたわけではありません。人々のパラダイム自体が、その前も後もきわめて人工的なもので、それが変わったと言えます。

鵜飼■先の大統領選挙で李明博「大金持ち政権」が誕生しましたね。

徐勝■みんなが大金持ちになれると思っているところが甘いですよ（笑）。

徐勝■過去清算ということが、「清算」という言葉がもつ限界はともかくとしても、韓国で、特に盧武鉉政権のときに最も重要なナショナル・アジェンダとして提起されました。この意味は非常に大きいです。

鵜飼■巨大だと思います。

徐勝■重要なのは、それが、過去の清算、つまり過去にあった不正義の是正というだけではなく、民主化の第二段階への跳躍への前提条件だと認識する点です。それを前提としない民主主義は本物ではない、と言われています。この両者の関係性について私はまだ考えきれていませんが、このような発想は重要です。日本ではあまり認識されていませんが。日本では「昔のことをほじくり返している」「未来志向ではない」と言われています。実は未来志向のために、過去における不正義を糺す、ある程度明らかにすることが大切だと思います。

　非常に大きな関心事として、9・17（日朝ピョンヤン会談）以降の日本社会をどのように考えるのか、拉致問題をどのように認識するのか、在日朝鮮人にとっての大きな関心事です。時間があれば、「解放」とは何かという話もできればと思います。

◇◇◇日朝関係に8・15はなかった

鵜飼▩9・17直後の出来事でとてもよく覚えているのは、参議院議員会館だったと思いますが、集会に出かけたときのことです。バッシングが最悪の時でした。いわゆる拉致問題が明らかになって数週間のうちです。私の記憶の中では、たしか鄭暎恵《チョンヨンヘ》さんだったと思うのですが、その集会で「在日朝鮮人には8・15はまだ来ていない」と発言されました。そのことが、今回のこの事態によって明らかになったと。鄭暎恵さんは日本人との間で言説戦略を緻密に立てる方だと思うのですが、その時にはある意味で、本音をストレートに発言されているように見えました。この言葉が、ここ数年、私が在日朝鮮人の歴史と現状を考えるにあたっての原点になっています。90年代には共生論がありましたし、確かに可視性という点ではそれ以前とは違った時代に入っていることは明らかだと思います。しかしそのことを、状況の根幹が変わったことと取り違えるのは大変に危うい。9・17以降の事態はそのことを思い知らせました。表面的にみると韓国に対しては韓流ブーム、北朝鮮に対してはバッシングと分裂しているように見えますが、歴史に根差した深刻さという点からみれば、北朝鮮バッシングの方にこの社会の本当の姿が現れています。韓流ブームは、そこから何かが生まれてくるかもしれないとは思いますが、因果の連鎖で結びつけることができるような変化はまだ何もなく、もしかすると一過性かもしれません。確かに、そこに手がかりを見つけなければ大衆レベルでの相互理解の発展はむつかしいでしょうし、このブームに介入することは大切だと思います。ただ、この社会の底に流れ続けているのは、9・17以降の出来事が明らかにしたように、解消されず、「清算」もされずに残ってきた、日帝時代以来の朝鮮人蔑視です。ほとんど下水が地表に逆流したような事態が起きたと言えます。

私のミクロな生活や仕事のなかでは、9・17以降の事態の展開に直面した日本人学生のなかにも、かなりショックを受けた人がいます。私より後の世代の、今は若い同僚になっている人々のなかには、89年に昭和天皇ヒロヒトが亡くなったときの一連の「騒ぎ」によって、自分が生まれ育った社会に対して、それまで思い描いてきたイメージをひっくり返された人もいる。そのことがきっかけで勉強をはじめたという人もいます。それと同様に、9・17以降の北朝鮮バッシングから、国家に統合された民衆、国民は、隣接する国家および国民に対して、なぜこれほどの憎悪を爆発させることができるのかという問いを突きつけられ、このショックから勉強を始めた学生もいます。こう考えると、戦前との違いは唯一、北朝鮮が——先ほどの議論との関連では位置づけることが難しいのですが——今は「主権」国家として、日本に対してははっきりと「他者」の顔を向けたことだと言えるでしょう。この「他者」の顔はこれまでもずっと向け続けてきたわけですが、そのことが今初めて日本人にはっきり見えるようになった。冷戦の時期は体制間矛盾ですから、少なくとも政治の論理としては、他民族同士が単に国家として敵対関係にあったのではなかった。ソ連にしても、中国にしてもそうです。それが今、朝鮮民主主義人民共和国という国家が、日本に対して、歴史的に敵対的な姿勢を持っていることが、はじめてあらわになったのです。そのことに対して、日本人一般、民衆も含めて、全く用意ができていない。そういう国があるということが想像の中にない。この姿勢の理由も分からない。分かろうとしない。分かりたくない。こうした心性が、あの時期、タガが外れたようなバッシングの裏にあったのだと思います。この否認の操作には西洋伝来の独裁と民主といった対立図式が、それもまた文明と野蛮の構図に組み込まれて使われていきました。そうしたプロセスだったのだと思います。そのことを初発の驚きにして運動にかかわったり、勉強を始めたりしている若い世代は、日本人の中にもいないわけではありません。そのような芽を育てていくことで、あの出来事から始まる何かもあるのではないでしょうか。

徐勝▩先ほど、在日朝鮮人に8・15はなかったという話がありました。実は、日朝関係に

8・15はなかったということと同じですね。

鵜飼■北朝鮮と日本には、まさしく別の8・15があっただけですね。

徐勝■ええ。両者に合意された植民地支配の終結、戦争状態の終結もなかった。もう一つの問題として、拉致問題に関してですが、私は毎日新聞のムック誌の戦後50年の特集号のインタビューを受けたことがあります。2ページにわたって掲載されました。そのインタビューの意図がつかめなくて「なぜ私にインタビューを」と質問したら「戦後50年の年代記のなかに先生の事件もあるから」という曖昧な説明が返ってきました。では、どういうテーマでやるの？「なごり雪」をテーマだというんです。当時流行った歌らしいですね。

鵜飼■歌自体はちょっと前ですね。

徐勝■ところが、できた本のタイトルを見たら「オオカミの時代」（『連合赤軍〝狼〟たちの時代―1969-1975』（毎日ムック―シリーズ20世紀の記憶）ですよ。

鵜飼■毎日の西井一夫さんの編集ですね？　もうお亡くなりになった……。

徐勝■それで私は編集者に文句を言ったんです。話がぜんぜん違うじゃないか、と。「オオカミの時代って何だ！」と。そうしたら、編集長がなごり雪からオオカミに変えてしまったんだからしょうがないといわれました。本を見ると、赤軍事件、あさま山荘事件、革マル・中革のゲバルト、日航機ハイジャックといった事件が並んでおり、その間に私の事件が挟まっていました。その後明らかになった拉致事件はまさしくその時代の事件です。世界的にいえばベトナム戦争の時代であり、都市ゲリラの時代でした。その時代の日本はオオカミの時代です。

ピョンヤンの側の時代認識はどうだったのか。

その時代にピョンヤンは世界革命の基地だという考え方が支配的でした。第三世界からキューバやアフリカ、東南アジア、ラテンアメリカからいろいろな若者が自発的に、あるいは強制的にかも知れませんが、集まって、理論学習から戦闘訓練まで、いろいろな教育を受けました。帝国主義・西洋側の基準とは全くことなる基準でやっていましたから。露骨にいえば、「革命遂行のためにはもっとも有効な手段を選ぶ」というレーニン主義的認識による革命の訓練でした。その認識が正しかったかは別にして、日本はその時、全く別の世界だったのかといえば、そうではない。日本でも「法」の埒外での直接暴力が乱舞していた。それに対する国家テロリズムが、政府の側から当然あるわけです。そのような時代の脈絡を無視して、神谷不二のように「時代精神」だとして、「拉致事件という今日の人権侵害は重く、植民地時代の人権侵害は当然だ」と軽重を論じる。

私に言わせれば、人間の運命は不条理です。私の人生もそうでしたし、そもそも朝鮮人として生まれたことは私の選択でもなく、私に降りかかったことでした。不条理の中に全部が存在していました。その不条理の性格がどのようなものなのか。その問題を乗り越えるということがどういうことなのか。簡単に言えないけれども、革命の時代が過ぎた今日、国家間で、戦争、革命と反革命という関係から日常的な世界に移ろうとしていると思います。その点があまり認識されていない。

ピョンヤン共同声明に対しては多くの不満がありますが、いずれにせよ、国家関係の日常化への流れなのでしょう。日本は戦後一貫してそれに対して応答しようとしていませんし、加害国として責められ続けたきたが、拉致事件によって始めて声高に加害者を責められる被害国になれた。広島・長崎に原爆が投下された経験からすればずっと被害国ではあったのだけれども、そのことについてはアメリカのご威光があるから冷戦の期間を通じて、ずっと発言できなかった。今も同じです。そのことから、(9・17以降)被害国の意識が噴出したのではないかといわれています。いうならば、根底には日本側に朝鮮との植民地支配国と被支配国という構図を清算・変更するのに大きな不服があるということでしょう。

私は先日の金曜日も日弁連でのシンポジウムでそういうことを少し話しました。靖国神社に行くと、入ってすぐのところに「第二次世界大戦後に独立した国」の地図があります。この地図は「大東亜聖戦」すなわち白人からアジアの諸民族を解放する戦争を日本が遂行したおかげで、日本は戦争に負けたが、アジア・アフリカ諸国は独立したと言いたいのです。ところが、第2次世界大戦後に独立した南北朝鮮、台湾、満州は国名もなく白いままになっているんです。日本の国だと、色分けはしていないけれども、まだ日本の植民地だという認識があるのです。

いわゆる韓流ブームも、鵜飼さんがおっしゃったように、日本は南北朝鮮に対してヤヌスの顔をもっています。盧武鉉政権に対する日本の抵抗やバッシングとも通じています。盧武鉉政権が過去清算を目指しているのは国内の民主化のバージョンアップのためだと言いました。ここには南北関係も含んでいます。かつて冷戦反共同盟の枠組みから離れなければ、未来に向けた新しい枠組みができないという認識です。日本の小泉や安倍政権に至るまで微動だにせず残っているアメリカ一辺倒の流れは、東アジア諸民族、諸国家の協働や共同に対する抵抗です。つまり、旧態依然な日米韓の冷戦反共同盟の枠組みを基本にしようということです。最近の中国バッシングも含めて、そう思われます。特に麻生さんや安倍さんや、今新しく出発した李明博政権も、日米韓の反共三角同盟に回帰したい思いが強烈にある。韓流の問題も無関係ではないでしょう。もちろん、鵜飼さんが言われたように肯定的な側面もあると思います。崔元植さん（韓国・仁荷大学教授）が言っていますが、[注1]官の側でコントロールしようとしながらしきれない部分、東アジアの大交流時代を迎えているともいえます。これをどう考えるのかもまた一つの課題でしょう。無理やりつなげてみるならば、先ほどの哲学的な次元とは違って現実的な話になりますが、冷戦時代を超えられるのか否か、そのせめぎ合いがあると思います。

（注1）徐勝他編『韓流のうち外——韓国力と東アジアの融合反応』（お茶の水書房、２００８年）崔元植論文参照

◇◇◇日本孤立—追いつめられているのは誰か?

鵜飼▒徐勝先生が言われる冷戦のことはまさにその通りだと思います。９・17の直後に私が書いた文章も、「追いつめられているのは誰か?」というタイトルでした（『現代思想』２００２年11月臨時増刊号（総特集＝日朝関係））。歴史の流れからして、このままいけばますます孤立するのは日本だということは、あの時点で明らかでした。その認識のために特別な予見の能力が必要とされたわけでもありません。現状は単にその通りになっただけのことで、六カ国協議にしても、その開始前、日本のメディアは、今からは信じられないほど、その可能性自体に懐疑的でした。あまり図式を振り回しても仕方ありませんが、ある種の「歴

史の狡知」のようなものが働いているような気もします。共和国の核問題といわれるものがあるからこそ六カ国協議は始まりました。そしてこの枠組みは、朝鮮半島の問題を超えて、これからも長く維持されると思います。アメリカも地域の経済的な枠組みではアジアの中になかなか入れないので、ここでできた安全保障の枠組みで地位を確保したいと考えている。ところが、この新情勢に対して、日本の現政権は官僚も含めて準備ができていない。外務官僚の中には「行かねばならない」と考えた人もいたでしょうし、だからこそ実際に行くことになりましたが、日本の大きな流れからすると、その準備が出来ないままここに至っています。

徐勝▩今、外務官僚とおっしゃいましたが、外務関係にいるのだから、日本孤立ということを当然に察知すると思います。すなわち、アメリカの方から朝鮮戦争の休戦状態をいつかは終結させねばならないし、クリントン政権はそれを明確に打ち出しました。それが、ブッシュ政権になって無視されました。しかし無策のままではいられません。それでは、日本はどのタイミングで一番適切にそこに割り込むことができるのか、それが実は日朝ピョンヤン宣言のタイミングでした。日本の国民も含めて、冷戦の崩壊——本当の意味では崩壊ではありませんが——時代の枠組みの変転をどのように持っていくのかをあまり認知していない。

鵜飼■米軍基地が沖縄に集中していることなど、見ようとしさえすれば見えるものはたくさんあるはずです。ただ、日本の民衆の場合には歴史的な拘束があって、まっすぐに見ることができないのです。とはいえ、この方向で進んでいってもうダメだなというのは、多くの人がどこかで感じているのではないでしょうか。安倍政権から改憲という流れがとん挫しているのはその一つの表れでしょう。他国の悪口を言っていれば未来が開けるなんてことはあり得ませんから。「いい加減にしないと」という雰囲気は出てきていると思います。ただ、まだまだ長いプロセスになるでしょう。

金大中さんも朝鮮半島統一過程について言われていましたが、時間をかけることが大切なのだと思います。ブッシュ政権というアメリカ合州国史上最悪の政権でさえ、北朝鮮を敵視し続けることができる歴史的段階にはもはやないということが、この数年の過程を経て証明されたと言えます。アメリカがどんなにひどい政権でも、中東ではやってしまうようなことを東アジアではできない。この事実を、日本の政治勢力は、極右まで含めて、歴史の条件として受け入れなければ何も現実的な方針は立てられません。何よりも朝鮮半島の人々が、朝鮮半島でもう二度と戦争を起こさないと非常に強く決意をしていて、その決意が、六カ国協議も含めたこの地域の歴史の進展の原動力なのだと思います。

徐勝■それに関して、保守的であれ何であれ、官僚はある程度察知していると思います。

ところが、自分たちが解き放った「拉致事件」という虎が言うことを聞かなくなってしまった状態です。問題なのは、日本人の冷戦認識、朝鮮認識、より狭くいえば北朝鮮認識が、いかなる契機によって、どのような方法で転換されうるのだろうかという点です。妙薬がありそうな気もしますが。かえってそれを利用しようとしていた政策決定者の手を縛っている。そういう状態にあります。

鵜飼▩自縄自縛ですね。

徐勝▩どういう風にときほぐせばいいのでしょうか。

鵜飼▩それはいろいろな人の立場になって想像してみなければ分かりませんね。六カ国協議は確かに現段階ではポジティブな要素です。とはいえ、19世紀から20世紀の世紀転換期に朝鮮半島が置かれていた地政学的な位置まで遡ってみたとき、この歴史的条件は今世紀に果たして解消するのかという疑問は残ります。約百年前にフランス人のカリカチュア画家ビゴーが描いた、朝鮮半島をはさんでロシア、清国と日本が向かい合っている絵のことを思い出します。東アジアの21世紀の地域秩序の形成過程で、朝鮮半島が大変な地域でありつづけることは間違いないでしょう。その先をそれぞれに見据えつつ、統一に向かうプロセスに、半島は今、入っているのだと思います。一方、日本ほど朝鮮半島に対して歴史的な責任を担うべき国はありません。朝鮮半島が二度と一世紀前のような状況に置かれることのないよう、日本人こそが憎悪と対立を抑止していく役割を果たすべきなのですが、ところが実際は、まだまだはるか後方に一番遅れているありさまで、とてもそんなところまで展望できませんが。

◇◇◇日本という枠組みで解放はない

徐勝■靖国神社に対する一般国民の認識、それは南京問題にも朝鮮の植民地支配にも全て通じていますが、僕は外圧によって変わるしかないのではないかとも思っています。内発的な契機が得られるような感じがしない。

鵜飼■最良の仮定でいっても、外圧と何か新しい内側から来るものが出会ったときに、はじめて大きく変わりうるのでしょうね。

徐勝■外圧というと、日本が孤立化していくということが、まさに外圧だともいえます。

ところで、さきほど話が出た在日朝鮮人あるいは在日同胞にとっての解放とは何なのかという問題ですが。僕はいずれにしても、日本という枠組みの中での解放はないという気がしています。解放一般については、もちろん、抑圧の対立物だから単純にいえばそういうことです。私はやはり、孤立する日本、孤立している日本、それは一般国民の認識の中で孤立を孤立とも思わないような、与えられた天地をまさに天地だと思うような、井の中の蛙かもしれない。そういう世界の中に入れ子細工で在日朝鮮人が存在している。こういう状況の中では、権利がいかに日本人と同等かそれに近い状態になっても、日本社会の抑圧からの解放はないだろうと思います。逆に、祖国志向と呼ばれているような、自分たちとアジアの歴史の関連性、朝鮮半島との関連性をより明確に意識し、また現実の中でそれを考える、それを自分たちの生活の中で関連付けていく中にこそ、可能性があるのかもしれません。

白楽晴《ペクナクチョン》さんも書かれているように、統一というのは単純明快な政治的な形では語れない。昨日までが分断で今日からは統一だという風には言えないわけです。ぐずぐずと、もたもたと進んでいく過程だと白先生はおっしゃいます。もちろん、どこに進んでいくのかが問われます。分断のなかで奪われたものが回復され、回復されるべきものを獲得する、そういう状況だと思います。こういうことをいっても現実にそうなるのかというと、なかなかそうはならない。現実には日本では同化が進行しています。鵜飼さんがおっしゃったように、自分たちの内部にある、内発的ないろいろな問題が、極端に言うとポグラムのような凄惨な契機を迎えてはじめて呼び起こされるような状態がくるかもしれません。そういうものによってはじめて意識されるのかもしれない。感覚的な話になりますが、この日本という井戸の中でいろんな格闘をして、そこで何か解放が得られるという、共生論的な考え方には乗ることができません。鵜飼さんの立場から、「在日朝鮮人の解放とは」という問いかけには直接答えにくいと思いますが。

鵜飼■最初の話題にもどりますが、「在日朝鮮人」という名称がそもそも一般的なものではないわけですね。「在日」という部分に特殊の重みがあります。「在日朝鮮人としての解放」という問題を立てた途端に、「在日」という特殊性に規定されてしまう。「在日朝鮮人としての解放」は、ある意味で、日本人の解放や日本の解放と分ちがたく結ばれてしまう。

徐勝■「在日の解放」だとイメージできますか？「在日」の解放です。「在日朝鮮人」の解放とは違う感じがしますね。在日朝鮮人を指して使われる「在日」の曖昧さ、胡散臭さ、偽物さ。「在日」という言葉と「解放」という言葉が結びつくのだろうか。

鵜飼■難しいですね。世界中どこでも解放が具体的に何を指すのか分かりづらくなっています。女性の解放のメルクマールが何かも不分明になっている時代です。この議論もまた、そのような時代の条件付けも受けているでしょう。どちらかといえば、「在日朝鮮人であることからの解放」でしょうか。それはかつて考えられたような意味で朝鮮半島の朝鮮人になることでもなく、欧米に移住してトランスナショナルな存在になることでもないような、在日朝鮮人であることからの解放の第三の方向、とまでしか言えませんが……。

金▩在日朝鮮人としての解放ということと、在日朝鮮人であることからの解放は、非常に異なりますね。「であること」からの解放は、解放された先に何があるのかと考えると、恐ろしい浮遊感であったり、身の軽さであるのか。想像がつきません。

徐勝▩解放の後には失望が来るものです（笑）。先ほど、清算に関する話もそうですが、人間はそれで天国に行けるとするのは宗教の世界しかありません。実際には、解放を迎えて天国に行くことはありえず、解放を迎えて失望が来るのが世の常です。しかし解放というものを、勝利というものを経験することは大切です。清算の効用――効用というのは申し訳ないけれども――は、中国の抗日戦争がそうだと言われていますが、最も効果的な大衆教育は、小さな勝利を具体的に経験させることだといいます。われわれ朝鮮人が、特に在日朝鮮人が本当に解放を自ら実感していないとするならば、そういう機会（解放）は、あとから失望が来るとしても挫折が来るとしても、必要だと思います。１９４５年8月15日、一応、独立して、あの時に、人々はうれしかったんだ。本当に。大変な喜びようです。そういう経験というのは、白楽晴さんや金大中さんがおっしゃっているような統一もいいかもしれないけれども、それを人々に具体的なものとして感じさせることが必要です。その後どうなるのかは、その後に考えればよい。フランス革命にしてもロシア革命にしても、革命はずっと裏切られてきました。統一にしてもそうでしょう。昔はそう思っていませんでした。統一すればユートピアが来る、と（笑）。おそらく裏切られることになるでしょう。けれども、何に裏切られるのかということが、昔よりはわかる立場になってきました。何に裏切られるのかは、鵜飼さんも先ほどからおっしゃられていましたが、主権国家です。今日はナショナリズムの話をする時間もなかったし、またその議論をしてもまたぞろの同じ話になりそうなのでやりませんでしたが。問題なのは、独立や主権国家のナショナル・ビルディングがもたらす問題、今日の中国を考えてみても、何のためにやったんだろうという話しになるかもしれない。では、なかったらよかったのかというと、そうではない。

鵜飼▩次の段階に来ると昔のことは忘れてしまいますから。解放前の中国なんて忘れ去られているでしょう。

徐勝▩朝鮮だってそうです。「植民地時代はよかった」なんて言っている人には、「てめぇ、暮らしてみろ！」と言いたいです（笑）。一歩一歩が、当事者にとっては解放なんです。

日本の問題は、明治以降、天皇制はあるけれども市民社会が形成されずに主権国家ができあがり、次のステップに何をすればいいのかは、われわれ以上に大変だしわかりにくい。

鵜飼▩天皇制をどうなくしていくかも、ずいぶん難しい問題です。

徐勝▩天皇制の論議は大部分の同意を得られない状態ですね。日本共産党にいたるまで、天皇制の現状を認容する状況になっていますから。

鵜飼■日本人も昔のようには天皇制のことをわかっていないようですね。何が悪いのかもわかっていない。なんの役に立つのかもわからない。靖国にしても、今の天皇は嫌だと言っていますが、今後どのようにつなげていけばいいのかわからないようですね。

徐勝■靖国の論議は、天皇は本当に嫌なのではないでしょう。

鵜飼■そうですね。嫌なのは（A級戦犯、東條の）合祀のことだけかもしれませんね。

徐勝■天皇は責任を逃れ、戦争責任を東條に押しつけるためにA級戦犯の合祀を嫌っているようですが、A級戦犯の合祀だけじゃなくて、朝鮮人、台湾人の合祀の問題も対極として存在しています。

鵜飼■靖国のことはもう少し議論する準備をすればよかったです。

徐勝■準備不足で申し訳なかったです。貴重なお時間を、今日はありがとうございました。

（二〇〇八年三月一〇日、立命館大学にて）

Ⅳ

アジアによるアジアの平和へ

[1] 日韓には他になすべきことがあるはずだ

「ヨンさまブーム」で韓国認識が一変したと思ったら、独島（竹島）問題で日韓関係が暗転した。最近、東アジアで四面楚歌の日本政府は、韓国との協調を望んでおり、重苦しい状況の中でも「韓流」熱はさめず、韓国への日本人観光客は増えつづけているという。盧武鉉大統領は「日韓外交戦争」と表現したが、経済・文化交流の持続を表明しており、市民の間では粗野な反日行動が、営々と築きあげた韓国民主主義を後退させまいかと憂慮する声が高まっている。

日本は1905年の閣議決定などを独島領有権の根拠としており、韓国は日韓保護条約で外交権を奪って宣布した日本の領有権主張は不法だという。そこに、65年の日韓基本条約で、当時の韓国独裁政権が歴史認識や領土問題をあいまいにしたことが禍根を残した。

だが、独島は韓国が実効支配しており、日本は領有権を主張しても、武力を行使するつもりはない。漁民の不満は日韓漁業協定で外交的・法的に改善する余地がある。領土紛争は不毛であり、危険だ。島根県議会の「竹島の日」制定は「百害あって一利なし」だ。日韓には、なすべきことが他にあるはずだ。

日韓関係の最大の障害は日本が新しい韓国社会を理解しないところではないか。韓国政府は公権力の犯罪の大胆な清算をおしすすめてきた。盧大統領は、日韓関係のさらなる伸展の為に、「本格的な和解と協力に向けた努力が必要」で、そのために「普遍的な歴史清算のプロセスが必要だ」という。

何も日本だけに要求しているのではない。韓国政府はその間、光州事件や済州4・3事件などの国家犯罪について国民に謝罪をしてきた。日本軍「慰安婦」や強制連行について、「韓国政府は責任を感じ取りくむ決意を示し、日本も法的側面を越えて、人類の普遍的倫理と隣国の信頼にかかわる問題という認識から積極的な姿勢をみせてほしい」というのだ。靖国や教科書問題でも世界や近隣諸国にも通用する普遍的な視点が必要だ。

対北朝鮮政策についても、日本では「制裁論」が花盛りであるが、韓国では金大中政権以来、「和解と協力」、「平和・繁栄」政策を基調とし、今年の「国防白書」では北朝鮮「主敵」概念を削除した。

平和な手法で南北朝鮮が繁栄の道へ進もうという「南北共同声明」の歴史的な意味を日本でも理解してもらいたい。南北の和解・協力を日本では民族的感傷と捉えるが、韓国は武力行使や圧迫は南北の共滅を結果すると判断している。

日韓関係は、日本と南北朝鮮との関係として理解されねばなるまい。そこから日韓のより進展した友好の時代も、東アジアの平和と繁栄への道も開けるだろう。

（二〇〇五年四月〈未発表〉）

[2] 盧武鉉大統領の訪日に望む

盧武鉉《ノムヒョン》大統領の訪日が発表された。訪米では、「堂々とした外交」を期待した人々を失望させたが、今回はこのようなことがあってはならない。最も急を要することは、朝鮮半島戦争の危機を解消することだ。まかり間違えば、日本に対北朝鮮制裁の言質を与え、戦争の危機が高まることもあるだろう。小泉総理の訪米で対北朝鮮包囲網が狭められ、盧大統領の訪日で「韓米日協調」の包囲網を完成する構図が描かれようとしている。「6月対北朝鮮包囲網完成説」を払拭し、日本を「平和繁栄の東北アジア時代」の同伴者として参加させなければならない。しかし、対米追従と根深い「朝鮮人嫌悪」「アジア蔑視」に染まって、急激に右傾化、軍事化する日本政府と社会を説得するのは簡単ではないように思える。しかし、原則的で格調の高いメッセージが伝達されなければならず、次のように提言する。

一、東北アジア時代の始まりを宣言し、日本の参加を要請しながら、中国・日本・南北朝鮮が参加する東北アジア時代の実務協議機構の構成を提案する。限りない発展の潜在力をもつ東北アジアは、アメリカの単独行動主義と、存在の危機に追い込まれた北朝鮮との葛藤によって、その可能性を花開かせることができないでいる。アメリカの影響力を相対化し、この地域の多者間安保および地域発展の土台を築き、共通の繁栄を享受しようという韓国新政府の「東北アジア時代」の提案を全面的に支持する。この構想はヨーロッパ連合やアセアンのような地域共同体または地域協力体の実現という歴史の大きな流れに沿っている。南北和解・協力も東北アジア全体の和解・協力の中で完成するだろう。

今日の危機はアメリカの単独行動主義が国際政治の力の均衡を破壊したところからはじまる。イラク侵略戦争に反対したドイツ・フランスなどヨーロッパがアメリカの対抗軸になる可能性をみせた。万一、日本が戦争反対を表明し、東北アジアも一丸となって同じ声を上げていたなら、アメリカも敢えて侵攻することができなかったであろう。日本が参加するならば、東北アジアがアメリカ・ヨーロッパとともに、「鼎の足」のように鼎立する世界の「三国時代」が実現し、無力化された国際政治と国際法を蘇えさせることもできるだろう。ただし、日本の「東北アジア時代」参加には普遍的歴史認識の共有が必要だ。1998年訪日当時、金大中大統領は歴史認識問題を正面から取り上げず、「未来志向」を唱え日本社会から大歓迎を受けたが、「靖国神社参拝」や「歴史教科書歪曲」という答えが返ってきた経験がある。今回は日本が守るべき最小限の原則を明らかにしなければならない。

二、朝鮮半島での戦争および危機を作り出すことに反対の意思を明らかにしなければならない。第2次世界大戦後、日本軍国主義を永遠に根絶するために、戦争と武力使用および戦闘力保有を禁止した平和憲法が制定された。しかし、日本は今回「有事関連法（戦争遂行および動員法）」を成立させ、小泉総理は国会で『自衛隊は軍隊だ』と言ってのけた。また、「天皇国家元首」「軍隊合法化」「国民の国防義務」などを骨格とする改憲が進められようとしている。注目すべきは、アメリカのイラク侵略を支持しなければ、北朝鮮との戦争でアメリカの支援を得られないという日本の立場だ。これは朝鮮半島での戦争を想定しており、朝鮮戦争絶対反対を叫ぶ韓国とは極めて対照的だ。朝日の首脳会談後、突出した「拉致」問題を契機に、極右反北朝鮮分子とマスコミが狂乱的に反北朝鮮キャンペーンを繰り広げている。石原東京都知事は拉致被害者家族奪還のための対北朝鮮戦争を主張しており、極右軍事主義者である石破防衛庁長官は北朝鮮に対する「自衛的先制攻撃」の可能性を公言している。このような暴言が、経済的挫折と政治的無力感に苛まれてきた日本人には、胸のすくような痛快な話として受け止められている。盧武鉉大統領は日本の社会に朝鮮半島での戦争絶対反対、日本の軍事化反対、東北アジア諸国の相互信頼醸成などのメッセージを伝達しなければならない。

三、民族共助と南北和解・協力政策が日本で明らかにされなければならない。日本人の韓国に対する感情が、この間、そうとう好転したと言われているが、軍事化・大国化の夢をかなえるために日本は冷戦崩壊後、北朝鮮をスケープゴートにしてきた。総連系同胞たちに対しては94年核疑惑と昨年の拉致問題を契機として、恐ろしい迫害が加えられてきた。総連を不法化し、瓦解させるために日本の国家保安法である、「破壊防止法」の適用をほのめかせ、対北朝鮮送金を遮断するために為替管理法を改定すると言っている。2月には文部科学省が欧米系学校卒業生には大学入試試験資格を認定し、アジア・ブラジル系学校（朝鮮12、韓国2、中華2、インドネシア2）卒業生には認定しないという、差別政策を発表した。激しい非難を受け、施行が留保されはしたが、日本政府・政界は朝鮮学校抹殺の機会を狙っている。今や38度線を越えた韓国政府の北朝鮮への民族和解・協力政策が、玄界灘をも超えなければならない。日本で毅然として民族性を守ってきた朝鮮学校は全体同胞の資産であり、積極的に支援しなければならない。迫害を受けている総連同胞たちも、保護しなければならない私たちの同胞だ。これにハッキリとした批判の声を上げるならば、南北同胞の一体性を誇示し、力のない北朝鮮に対しては狼藉を働いてもいいという日本人の認識を払拭し、北朝鮮を口実にした日本の戦争挑発や軍事化に楔を打つことができるだろう。このような民族和解の実践は在日同胞社会に大きな感動を呼び起こし、北朝鮮の思考と行動にも多くの影響を与えるだろう。

最後に、盧大統領が日本および在日同胞の若者たちとの対話が実現するなら、盧大統領の当選に新鮮な衝撃を受け、東北アジアの明るい未来を感知した若者たちを大きく激励し、新政府の平和思考・人間中心の政策を日本全体にもっとも効果的に伝達することができることだろう。

（『ハンギョレ新聞』２００３年６月２日）

[3] 在日朝鮮人への迫害を忘れたか

日本の強硬派は「拉致査察」を叫び、朝日国交正常化に反対であるだけでなく、人道的支援も止めろと大騒ぎである。

マスコミは「これを見ろ」式で反北朝鮮の気炎を吐いている。反面、拉致はねつ造だと主張してきた総連機関紙『朝鮮新報』や社会民主党は謝罪文を出し、総連同胞たちはチマチョゴリを着た子供たちが石を投げられても、頭を下げ姿勢を低くしている。

そうなればますます勝手にふるまう日本だ。神谷不二慶応大学名誉教授は、奇怪な日本歴史犯罪比較優位論をひっさげて出てきた。「19世紀から20世紀前半は植民地所有が、先進国が追求すべき価値として広く認められていた時代精神」であったので、日本がわが同胞におよぼした被害は、ありうることであり、それと今日の北韓の犯罪を引き換えにしようという発想を戒め、北韓の犯罪は最後まで追及し厳罰に処さねばならないと述べた（朝日新聞9月21日夕刊）。こんなでたらめな主張を最近、よく見かける。原爆問題でもそうだったが、自分の被害ばかり言いたてる日本は変わっていない。

ある在日朝鮮人同胞のメールである。「拉致被害者家族の悔しさ、悲しみ、苦しみは胸を刺します。同時にそれはわが同胞が胸の奥深くしまいこんできた悲しみや苦しみと重なるものではないでしょうか……。しかしそこへ向けられる眼差しはなく、感情の壁と距離を感じます。」

在日韓国人女性のメールはこうだ。「あまりにも腹立たしく、むかむかします……。拉致自体は許されることではありません……。でも植民地下で途方もない強制連行、拉致をしてきたことに反省も謝罪もなく、数千数万倍の苦痛をあたえたという視点が抜けおちています。戦後も日本は米国に追随して北朝鮮を敵対視し、朝日両国は準戦争状態だったという認識と反省を全然できなかったようです。冷戦時代にあらゆる独裁と徒党を組み、民族弾圧と人権蹂躙を助長してきた日本が口にすることのできない悪罵を北朝鮮にあびせることは、あまりに厚顔無恥だと思います。」

今回の朝日頂上会談は歴史的な事件であった。第一に、半世紀ぶりに日本植民地支配の清算に決着がつけられる点、次に世界冷戦のしっぽである東北アジアでいったん冷戦時代が幕を降ろすということ。第三に、米国のイラク侵攻を目前にして、いったん東アジア地域で戦争が拡大することを防いだという点、最後に日本が対北包容政策に足並みをそろえることで東北アジアの平和・協力の広い道が開かれたという点などで、6・15南北頂上会談と比肩される国際政治の大事変であった。

朝・日会談は北朝鮮に平和を保障し、経済的苦境から抜け出る展望を与えた。一方、日本側としては敗戦後初めて迎える外交的勝利であり、小泉純一郎総理の政治家としての株を国際的に上げた。今回の頂上会談が対米一辺倒で安逸をむさぼってきた日本としては初めての「自主外交」に値するできごとであり、「外交不在」の日本が、米国と五分五分に渡り合い成果を上げたピョンヤンの「奇跡の外交」を圧倒し、一方的な譲歩をもぎ取った。このように見るならば東北アジア地域と朝・日すべてにそれなりの大きな意味があったといえる。

にもかかわらず、正常化への道は遠く、険しいように見える。そのことの始まりは、金《キム》正《ジョン》日《イル》国防委員長の率直さにある。世界のどの国も公式認定をしない国家権力の裏面の行動をあのように率直に認めると誰が想像しただろうか。抗日遊撃隊に伝統に根を置く北朝鮮の指導者がわが国を侵奪した日本に、そこまであっさり謝罪するだろうと夢にも思っただろうか。もちろん、やむを得ず、勝つか負けるか深い読みがあったであろうが、パンドラの箱を開けることとなった。日本の拉致被害家族の不条理を歪曲・拡大する日本のお抱えマスコミと政治ブローカーたちは、「北朝鮮悪魔論」が実証されたと快哉を叫び、正常化への道を塞ごうと乗り出してきた。金委員長の率直さは、経済的困窮と米国の戦争恫喝に膝を屈した惰弱さだと受け取られ、日本では「急ぐ事はない、もっと飢えさせればどんなことだってできる」だとか、力の外交の勝利に酔い、「有事事態法」の国会通過と軍事化にいっそう拍車をかけようという勢いである。

何よりもそれが一方で冷戦時代を通して北朝鮮の自主路線を支持したり、北朝鮮体制に忠誠を尽くした人々を苦境に追いやり、北朝鮮を信じ従ってきた多くの総連同胞を混乱に陥れた。そのうえ、その率直さがペレストロイカの信号弾となり、北朝鮮自身を混乱のるつぼに追い込むのではないかという点も憂慮される。

総連系学校にはすでに8月に肖像画を降ろせという金委員長の指示が下され、この指示は日本社会の逆風から総連同胞をかばおうとする金委員長の配慮という解釈まで広がっている。ある朝鮮学校教師は「むしろよくやった。民族学校が共和国から自由になれるんだから……民族教育は南も北もすべて包容できるものでなければならない」と語った。ところで、韓国の同胞たちは、もしかして日本総連同胞の困難を他人事、あるいはむしろいい気味だと考える人はいないだろうか。90年代に北の核疑惑が噴出し、日本ではものすごい反北朝鮮ムードで騒がしかった。この間の韓国の民主化や経済発展にも力を得て「韓国はいいけど朝鮮は悪い」という雰囲気がつくられた。

同胞学生は「おまえは朝鮮人か？」と聞くと、色をなして「違います。韓国人です」と食ってかかる場面に出くわすこともある。朝鮮か韓国か、それはそればかげている。このような学生の抗議は朝鮮人という言葉を禁じ、韓国を強要してきた「大韓民国唯一合法論」が受け入れられたと、喜ばれるかもしれないが、これは朝鮮人と韓国人を分けて、朝鮮人を二等国民視する反統一的な思考であることを知らねばならない。

さらに深刻な問題は日本人の朝鮮バッシングを承認し、助長する結果をもたらしており、在日同胞内にもそのような日本社会の流れに迎合する者が増えている点だ。全斗煥《チョンドゥファン》の第五共和国時代にはその政権に秋波を送った、在日同胞歴史学者K氏は自らの立場も忘れて新聞紙上で北朝鮮に「普通の国家たれ」と、説教をたれている。日本の民族差別排外主義の野蛮で低劣な感情は「朝鮮」という、公認され、安全な排出口に向けて噴出している。

これは単に北朝鮮だけにではなく、全体わが同胞をねらった蔑視と憎悪の表出だという事実を直視しなければならない。日本の中で屈することなく民族性を守ってきた朝鮮学校は我々南北朝鮮人全ての宝だ。朝鮮学校、朝鮮人に対する迫害にみんながはっきりと声をあげねばならない。今回ピョンヤンで日本から思うように過去の清算を引き出すことができなかったのは、われわれ自らが分裂して日本に隙を与えたせいでもある。

われわれが本当に日本とも和解し、「アジアによるアジアの平和」を創りだすためには

「過去の真実と向き合い、未来に向けた協力関係づくり」をしていかなければならない。日本人をしてさらに明確な過去と現在の真実に向き合わせなければならない。そのために、まず、われわれ自らが真実と向き合わなければならない。

（『ハンギョレ新聞』２００２年10月14日）

[4] 企画亡命と北朝鮮住民に飢餓と戦争の恐怖からの自由を

瀋陽日本総領事館駆け込み事件のように、綿密な根回しとシナリオで「企画」されたものを、韓国で「企画亡命」と言っている。朝鮮民主主義人民共和国（北朝鮮）を脱出した「脱北者」のニーズを背景として、ドラマを演出する「NGO」の狙いは、世界的世論を盛りあげ、中国に難民の認定を迫ることだと言われる。

しかし、厳格な政治中立を生命とする一般の難民救済NGOとは異なり、彼らは、困窮した「脱北者」を救済する人道的支援に満足せず、反北朝鮮世論を極大化させ、北朝鮮を崩壊へと導くという政治的な意図をもっているようだ。

「企画亡命」は関係国間の外交的摩擦を生みだし、南北の協力・和解を通じて問題の解決を目指す韓国政府の「太陽政策」に水をさすものとして、韓国内部から批判的意見が出ている。韓国政府も、それらNGOに「企画亡命」の自制を促したという。脱北者と企画NGOは国際的なハイライトを浴びるのに成功したが、問題は解決するどころか、ますます紛糾している。

中国東北地域などに数万から数十万いるという脱北者の大方は「人種・宗教・政治的意見などを理由に迫害を受けるおそれがある者」という難民条約上の難民（俗に亡命者）ではなく、飢餓で故郷を離れた食糧（経済）難民である。

ところで、世界の経済難民は数千万にものぼる。その根本的解決策は国境の廃止と全ての人の自由な移動の実現であろう。しかし、「人権」「人道」に声をあげる国々に、国境をなくし難民をすべて引き受ける用意があるのだろうか？

さる三月、ソウルでのセミナーで、尚志《サンジ》大学教授（前韓国外交安保研究院教授）は、脱北者をめぐる韓中間の非公式交渉で「韓国側から脱北者の善処を要求するごとに、中国側は、『それで結局、韓国は脱北者が増えるのを望むのですか？ 減るのを望むのですか？』と反問する」と嘆いていた。大量の難民の発生は、中国にも、韓国にも難問を突きつけている。

食糧難民を無くすには、幾つか方法があるだろう。

第一は、「企画亡命」ＮＧＯが主張するように、「諸悪の根源」北朝鮮政権の打倒、人民の救済である。しかし、これは外部からの武力干渉、ひいては戦争を招き、朝鮮民族はもちろん、東北アジアに大きな不幸をもたらす危険な主張である。

第二に、日、米などによる難民の無条件受け入れだが、これは不可能であろう。

第三は、中国が難民の存在を認定し、国際的支援で朝中国境地帯に大規模な難民キャンプを運営する方法である。だが、中国は、北朝鮮と伝統的に唇歯の関係にあり、国内少数民族問題もあって、難民の存在を認める状況にはない。

第四に、北朝鮮の食糧事情改善のために国際的な支援を行う方向である。結局、これが人道的かつ平和的に問題を解決する最善の道である。もし各国が純粋に人道的立場で、中国領内での難民支援に同意できるなら、豆満江を越えて北朝鮮領内でも、検証可能な方法で支援を行えないわけはない。

日本は、拉致問題などを挙げて北朝鮮との交渉の道を閉ざしている。しかし、交渉なしには、何も解決しない。まして、緊急な人道支援は政治とは無関係なはずだ。憎悪と敵対感情をあおらず、南北朝鮮と日本も含めた東アジアの交流・協力・和解を通じて、緊張を緩和し人間的な状況を実現すべきである。脱北者の人権を言うなら、朝鮮半島住民の飢餓と戦争の恐怖からの自由も考えねばならない。

（『朝日新聞』２００２年５月31日）

［5］新聞時評にみる日本と朝鮮

◇◇◇ 外交の道筋持たぬ日本

最近の話題は、なんと言っても8月31日の朝鮮民主主義人民共和国（北朝鮮）の人工衛星打ち上げだ。ミサイルだと日本は驚愕し、「……ちゃんちゃらおかしい。盗人猛々しい。北朝鮮はヘンな国だ……。『キレたひとたち』……余りの愚かさに声も出ない」（オバさんの逆襲「ふざけるな！」小林洋子9／7朝刊家庭面）などと、感情むき出しの北朝鮮非難が相次いだ。

一方、日本政府は慌てふためき、「確認手段なく、右往左往」したが、事前察知していた米国防総省は……「格別に驚くに当たらない」と。「韓国も軍事情報当局が8月初め……探知していた」（9／2朝刊3）。日本政府は「ミサイル」発射に対してＫＥＤＯ（朝鮮半島エネルギー開発機構）分担金保留、食糧支援中止など四つの制裁措置を取り、世論はＴＭＤ（戦域ミサイル防衛）、偵察衛星へと強硬一辺倒につっ走って、ついには朝鮮学校生徒への襲撃まで行われるようになった。

ところが、９月４日、朝鮮中央通信が「人工衛星打ち上げ」と発表して日本は混乱した。ロシア、中国を皮切りに、韓、米までもが「衛星搭載」と結論づける過程においても、日本はミサイルだと言い張り、あるいは軍事的脅威は同じと、北朝鮮への敵がい心を緩めようとしなかった。日本の興奮をしり目に、ニューヨークでの米朝高官協議が、10月に「４者会談」、11月に軽水炉建設の開始、重油50万トン、食糧30万トンの支援（９／11夕刊１面）などと急進展を見せたのに、日本は一連の状況に全く「カヤの外」であった。

この頃日本でも、ようやく冷静な報道が出はじめた。「制服自衛官の間には外交努力を最優先すべきだという慎重論があがっている」（９／７朝刊３面）。また金子論説委員は、中国、香港、台湾では日本の憤激にそれほど同情は見えず、かえって日本の軍拡やスパイ衛星打ち上げを憂慮しており、台湾「自由新報」は「国際社会から孤立させられた小国が国家としての尊厳を認めさせるには、実力で状況を突き破るしかないことを教えている」とするなど、「国際世論には落差がある」と評している（９／９朝刊５面社説）。韓国の「ハンギョレ新聞」では、多少畏敬の念まで込めて「第２のスプートニク・ショック」（９月６

日）と報じた。

北朝鮮問題の権威であるヤン・C・キム氏は「（日本では）軍事偵察衛星やTMDの論議だけが突出して、政治、経済、外交を含めた包括的な対応策は論議されていない。……北朝鮮指導者と随時対話ができる政府間チャンネルもないのが現状」と、鋭く批判する（「朝日」論壇9／11朝刊4面）。北朝鮮に対して外交という道筋を見失ってしまった（はじめから持たない）日本。「多くの日本国民は困惑しているに違いない。日本政府には、ミサイルか、衛星なのか……（日・米の）情報を可能な限り公開して、国民に自体を説明しようという姿勢がうかがわれない。……政府が今後の北朝鮮政策をどう進めようとしているのか見えない」（「朝日」社説9／18朝刊5面）という指摘が現れ、TMDの「駆け込み決定に異議」が出された（9／23朝刊5面社説）。やはり外交を優先させ、対話、相互理解、信頼醸成の政道を行くべきである。

（『毎日新聞』1998年9月28日付、新聞時評）

◇◇◇ 金大統領の抱える矛盾

金大中・韓国大統領の訪日は、過去に区切りをつけ、21世紀に向けた「日韓パートナーシップ」を開くものと絶賛を浴びた。この「成功」は、大統領がどうすれば日本人が好意的な反応を示すかを知っており、「韓国内で反発を免れないほど日本に配慮」（10／9朝刊2面）したものだったからだ。反発が噴出しなかった理由として、①韓国が渇望してやまない30億ドルの経済協力②反日勢力の与党化③与党批判の先鋒に立つ野党が「銃風」事件*で無力化④韓国の大衆次元で「タテマエ反日」「ホンネ親日」が既に進行していること――などが挙げられる。

＊【注】「銃風」事件　昨年、李会昌（イ・フェチャン）ハンナラ党総裁側近が大統領選挙を有利に導くため、北朝鮮に板門店で銃撃事件を起こすよう工作したといわれる事件

訪日絶賛の大合唱の中で、石原進記者は「『日韓共同宣言』は口当たりのいい言葉を並べたものだが、『パートナー』として認めざるを得ない事情がある」とし、サッカーのワールドカップ共同開催と天皇訪韓の成功、両国の経済危機、対朝鮮民主主義人民共和国（北朝鮮）安全保障という両国の共通利益をさめた目で確かめている。その上で、金大統領の「太陽政策」に日本がどう歩調を合わせるのか？　周辺事態法に韓国がどう対応するのか？　と、問題の核心を突いている（10／13朝刊4面「記者の目」）。同様の視点で、重村智計論説委員は「韓国のＩＭＦショックと日本のテポドン・ショックが両国を緊密に接近さ

せた」という（10／10朝刊29面「日韓新時代座談会」）。

日本はテポドン・ショックでうろたえ、カネで安保を買ったはずの朝鮮半島エネルギー開発機構（ＫＥＤＯ）への協力（10／7朝刊4面）までも放りだしたが、結局、ＫＥＤＯ署名に応じさせられ、一貫性なく振り上げたこぶしを下ろす醜態をさらした（10／22朝刊2面）。

日本外交はその間、北朝鮮「人工衛星打ち上げ」を、独り「ミサイル」と言い張り、韓米に「ミサイル」と言ってもらうことで外交的勝利とするなど、児戯に等しい言葉の遊びにふけり、韓米からも孤立する危険すらあった。それにもこりず、閣僚懇談会で川崎運輸大臣が「金大統領が記者会見や国会演説で『人工衛星』と呼んでいることを問題視」（10／10朝刊3面）するなど、朝鮮半島の平和という大局認識でのずれを露呈する。

韓国の対北朝鮮「太陽政策」は、もっぱら韓国の利益を追求する点では「北風政策」と通底するが、その平和的手法が朝鮮民族と東アジアの人々の利益に合致する点が評価されよう。平和を標榜する日本も「太陽政策」の意味を吟味すべきだ。

また日韓両国は「行動計画」で「防衛交流」「対北朝鮮政策協議の強化」（10／9朝刊9面）と、軍事同盟の方向へ踏み出しているが、軍事衛星、日米防衛指針（ガイドライン）・周辺事態法の問題と相まって、日本の軍事的役割を認めることで、朝鮮半島が再び軍国日本の亡霊におびえる事態にならないのか？

さらに金大統領が絶賛してやまない戦後日本の平和憲法との矛盾はどうするのか？

今回、過去の清算で、日本では「おわび」とし、それを韓国では「謝罪」と言い換えるトリックを使った。また性奴隷（「従軍慰安婦」）問題と戦後補償、金大中拉致事件、独島（竹島）問題など、日本が嫌う懸案を伏せて通り過ぎた。光州事件を、事実解明、責任者処罰、謝罪、賠償、治癒という原則的手順に従って解決し、人権の普遍性論を主張する金大統領の論理は、いったいどこに行ってしまったのか？


（『毎日新聞』１９９８年10月26日付、新聞時評）

◇◇◇ 金剛山観光「船出」への期待

金剛山《クムガンサン》は38度線すぐ北側、１万２０００峰の奇岩怪石が群立する朝鮮第一の景勝地である。「現代金剛号」は１８３０人を乗せて18日、金剛山観光のテープを切った。10年前から「現代」の鄭周永《チョンジュヨン》名誉会長が温めてきた構想が実現したのだ。

鄭名誉会長は金剛山麓の農家に生まれ、16の時、家の虎の子の牛を売った70円を持ち出して家出した。それから82歳の今日まで、波瀾万丈の人生を度胸とカンで生き抜き、韓国最大財閥の領袖として、10月27日、501頭の牛を追って故郷に錦を飾った。同30日、鄭名誉会長は朝鮮民主主義人民共和国（北朝鮮）の金正日総書記と会い、金剛山観光開発への積極協力、油田開発などを決め、さらに▽廃船解体事業▽火力発電所建設▽自動車組み立て工場など9項目の経済協力で合意した（11／1朝刊7面）。

韓国の言論は、金大中大統領訪日より大々的にこれを報じた。それに比べ、日本での扱いは小さく、「海外コラムニストの目」（11／11朝刊4面）は、北朝鮮が「予測不能な国家」であること、韓国政府の複雑な反応、「現代」独走を警戒する財界、保守勢力の県などを挙げ、「韓国号の針路は、視界不良、波浪注意だ」とする、冷やかな視点を紹介している。

しかし、韓国での反応は大きく異なる。「韓国目線」（11／4）に劇作家、韓雲史《ハンウンサ》が一文を寄せている。「鄭周永翁と牛501頭が板門店を声北に行くのをテレビで見て、目頭が熱くなってきた。反共の人も、容共の人も、みな同じだったろう。……兄弟が別れ、いがみ合い、ののしりあって過ごしてしまった50年……。しかし、このようになった。夢かうつつか。80老翁の胸の中には、金もうけももちろんあるだろ。しかし、『みんな一緒に食べて暮らそう。そんな世の中を作ろう。』そう言っているように見える。」

これは老人の感傷なのかもしれない。しかし、このような素朴な感動や願いこそが、重くのしかかる分断の現実をいつかは乗り越える精神的な担保なのだ。しかも鄭名誉会長は決してドン・キホーテではなく、韓国政治・経済を起死回生させるべく期待をになって訪北したのであり、北の食糧危機、南の国際通貨基金（ＩＭＦ）危機の中で、双方の切迫した現実的要求から実現したものである。

林東源《イムドンウォン》大統領外交安保首席は「８か月もノックをし続けた。政府の政経分離原則と、先・民間経済協力、後・当局対話を推進した結果である」と評価し、「国際経済力が落ちている中小企業が北朝鮮の安価な訓練された労働力と結びつけば、競争力を持てる」と、韓国経済の突破口となることを期待している。外国に及ぼす影響として、「対北朝鮮強硬姿勢が多少、落ちつくだろう。北朝鮮に新たな危機がくれば、我々は経済危機を克服できない」（「ハンギョレ新聞」11／1）とし、南北朝鮮の安全保障と経済の不可分性を強調している。

一方、３００台を低迷していた韓国の株は４００台に急騰した。全国経済人連合は、すぐ北に市場調査を派遣することと、経済特区の羅津《ナジン》・先鋒《ソンボン》に連絡事務所を設置することなどを決めた（「ソウル経済新聞」）。

総じて韓国の政財界は、中台式の「先・民間経済協力、後・当局対話」の絵を描いているようだ。４００億ドルともいわれる台湾の大陸投資による緊密な経済連関性が、アジア経済危機にも動揺しない「両岸経済圏」を作ったという見方である。

朝鮮には「金剛山見物も食後に（花より団子）」ということわざがある。みんな一緒に食べて、金剛山見物に行こう。

（『毎日新聞』１９９８年11月23日付、新聞時評）

◇◇◇ なぜ中国には謝らない？

韓国の金大中大統領に続き中国の江沢民主席が訪日した。両首脳に対する日本の対応は全く対照的だった。各紙は金大統領を「未来志向」「大人の態度」と絶賛し、江主席には「かたくな」「苦い後味」「高圧的」と、不快感をあらわにした。

その原因は歴史認識にある。金大統領は「お詫び」と韓国国内用に「謝罪」と訳させ、過去の問題の決着を約束したのにたいし、江主席は「過去の問題は十分に論議されたという意見には反対」し、「日本軍国主義は対外侵略の誤った道を歩み、中国人民とアジアの人民に大きな災難をもたらした」と、非難したからだ（11／27朝刊2面）。以後、日本のメディアは江主席に関し非礼なほど冷淡だった。

歴史認識でこじれたのは、「お詫び」を共同宣言文に入れるかどうかであった。小渕恵三首相は「おわびは絶対認められない」と突っぱね、口頭ですませた。ここに小細工が施されている。韓・中との共同宣言に「お詫び」と「侵略」というキーワードがあるが、韓国の場合に「お詫び」を入れ「侵略」をはずす一方、中国には、「侵略戦争」は認め「お詫び」を拒否した。

日韓共同宣言に「侵略」を盛り込んでほしいとの韓国の要請に対し、登・内閣外交審議室長は「韓国に対する侵略があったかどうかについては国内で議論がある」と拒否した（10／20朝刊7面）。つまり「植民地支配の歴史的事実は認めるが、それは侵略ではない」というのは、日本政府公式見解である「日韓併合条約合法論」の確認であり、中国に対して「お詫び」を記さないのは、植民地支配をしていないし、重層的（加害と被害が入り交じった）関係が築かれているからだという（11／1朝刊2面）。言葉のあやで問題をすり抜けようとするものだ。

次の問題は、「お詫び」が韓国では「謝罪」と訳され、中国では「道歉《タオチエン》」という軽い意味に訳される幻術にある。同じ歴史的事実の評価をめぐって、日本が「謝罪」を明記するのを避けたために同じ言葉が三様に表現された。ここでは「アジアの共同の歴史認識」などは空念仏である。にもかかわらず、「近聞遠見」（12／1朝刊2面）は「『おわびします』と表現する時の心情は相当重たい」と主張し、「外交は戦争である」と言っている。外交は戦争を避けるためのものであるはずだ。

このような高ぶった不快感は時間がたつにつれ少し沈静し、「江主席のかたくななな姿勢は……中国人の普遍的な声の代弁」であり、「本音で話し合える関係を築くには、日本人はまだまだ準備不足」という自省の声も現れた（12／3朝刊「記者の目」）。「時代の風」（12／13朝刊3）で、寺島実郎氏は、残留孤児問題に触れ、「どれほどの日本人が『お前も来て飯を食え』という度量を見せるだろうか」と自問し、「民力」と「極限状況でにじみ出る人間の心の踏ん張り」の必要性を説く。

入江昭・ハーバード大教授は、江主席の訪日が「またも日本が過去の侵略行為について正式な謝罪をしなかった例として歴史に記録される」と指摘し、日本では江主席が歴史問題を持ち出したことを、強硬派や軍部を意識し、経済支援を引き出す駆け引きなどと見ているが、「それは極めて視野の狭い見方である。……60年もたって依然として過去をあいまいにし、態度を明確にしない国を世界は信頼できるだろうか。……中国人民に謝罪するのが当然だと、諸外国では受け止められるだろう」と、世界を失望させた日本に警告している（12／11朝刊4「海外コラムニストの目」）。耳を傾けてみるべきではないか。

（『毎日新聞』１９９８年12月21日付、新聞時評）

［6］韓国映画「実尾島《シルミド》」
――さらけ出された冷戦期の国家暴力

◇◇◇1971年夏、陸軍首都統合病院

1971年8月23日、旧朝鮮総督府のあった景福宮《チョンボククン》の東隣の陸軍首都統合病院CT室にいた時のことだった。その4月、陸軍保安司令部の西氷庫《ソビンゴ》の対共捜査分室に拉致され、拷問に耐えきれず焼身を図った私は、応急措置後、ソウル拘置所に収監されたが、夏季休廷に入って、病院に戻っていた。私と4、5名の屈強な保安司の監視兵が占用していた広い集中治療室にも、突然、陰惨なサイレンが鳴りわたり、枕もとのラジオから臨時ニュースが流れた。「武装共匪《コンビ》(注2)」がソウルに進入し、永登浦《ヨンドゥンポ》大方洞《テバンドン》で「我軍」と交戦中だという。

その瞬間、表情が凍りついた監視兵たちは、あわててラジオを切った。まもなく衛生兵たちがバタバタと入ってきて、部屋を仕切り終えるいとまもなく、エンブランス（救急

車）から重傷者が次々とスクリーンの向こうに運び込まれた。それから、連日のように国防部長官、参謀長以下、軍の最高幹部、中央情報部長、国務総理までもが、尋問のために手負いの特殊部隊員たちを訪れた。やがて、私の隣の特殊部隊員たちは、10日余りの応急治療と尋問の後、軍部隊に移送されていった。

事件の翌日、新聞は「実尾島《シルミド》を脱出した国軍特殊犯の暴動事件」と訂正報道はしたが、20数年後、月刊誌で取り上げられるまでは、実行犯は韓国政府が育てたテロ部隊であることが明らかにされぬまま、事件は封印されてきた。

◇◇◇ 1千万人の観客を動員した映画「実尾島」

日本で秋に封切られる映画「実尾島」は、上映2ヶ月で、千万の観客を動員し、韓国映画史上空前の大ヒットとなった。

北朝鮮の民族保衛省偵察局所属124軍部隊の「青瓦臺《チョンワデ》襲撃企図事件（1968年1月21日）」に報復するために、ピョンヤンに浸透し主席宮を爆破して金日成《キムイルソン》主席を暗殺することを目的にして、1968年4月、実尾島に創設された空軍特殊部隊が引き起こした「実尾島事件」をテーマにしたものである。この部隊の公式名称は空軍第7069部隊所属2325戦隊209派遣隊であり、68年4月に創設されたので、俗に「684部隊」と呼ばれた。

この部隊では、多額の褒賞や赦免などを餌に、軍犯罪者、浮浪者など、身寄りのない31名を徴集し、「殺人兵器」に作り変えるために地獄訓練をほどこした。だが、韓国政府は国際法や休戦協定違反の責任をまぬかれるために、入隊と同時に彼らの軍籍はもちろん戸籍をも抹消した。彼らは法的には地球上に存在しない「生きた死人」として、任務に成功しても失敗しても、秘密の維持のために消される運命にあった。

1971年、ニクソン大統領の密使、キッシンジャーの北京訪問に触発された東アジアの緊張緩和ムードの中で、韓国政府は対北朝鮮政策の変更をよぎなくされ、ピョンヤン襲撃作戦は中止となった。目標を失った部隊は秘密を守るために島から出ることも許されず、飼い殺しになってしまった。そこで、運命を予感した隊員たちは、矛先を「青瓦臺」へと向け、隊長以下、監視者であり訓練教官である24名の基幹兵のうち18名を血祭りにあげ、島を脱出してバスを奪ってソウルに攻めのぼり、鎮圧軍との銃撃戦の中で壊滅したのである。

◇◇◇ さらけ出された国家テロリズムの暗黒

実尾島事件は、冷戦・南北分断時代に軍事独裁政権によってほしいままにされた国家テロリズムを象徴する忌まわしい事件であり、韓国現代史の恥部である。この映画のヒットを契機にさまざまな秘密が、ようやく明るみに出はじめた。つまり、朝鮮民主主義人民共和国の最高指導者を殺害するテロ計画が実行されていたこと、3年余の殺人的訓練の過程で7名が、脱走企図や規律違反でなぶり殺しにされたり、自殺や事故死したこと、重傷を負って逮捕され、事件の7ヵ月後に、ソウル市梧柳洞《オリュドン》の空軍情報部隊射撃場で処刑された4名を含めて、全部隊員の死亡が、ごく最近まで家族・親戚などにも知らされなかったことなどである。だが、事件の調書や軍捜査記録などは、いまだに明らかにされておらず、真相糾明のために与党の「ヨルリンウリ党」(注3)に「実尾島事件真相究明特別委員会」が設置されることになった。

テロ、殺人、破壊、拉致、諜報などの国家権力の暗黒の部分を担わせ、韓国から北朝鮮に浸透させた1万数千名の特殊部隊員(注4)の名誉回復・賠償の問題が、数年来、注目されてきた。「お国のために」身をささげる「愛国者」「反共の勇士」とおだてられて送り込まれた隊員のほとんどは、北朝鮮で逮捕されたり死んだりした。万が一、韓国に生還しても韓国政府は、褒賞や特典などの約束には、一切、知らぬふりをしただけでなく、帰還者に逆に「洗脳」の疑いをかけて国家保安法違反などで投獄したりもした。隊員たちが訴えても、国防部は軍記録に該当者なしの回答をするばかり、全く相手にされず、失意と貧窮のうちに社会の底辺をさまよってきた。

ところが、今年、1月8日、韓国国会では、「特殊任務遂行者補償に関する法律」および同「支援に関する法律」が制定された。金成鎬《キンソンホ》議員（ウリ党）は同法の提案説明で「国家のために命をかけて特殊任務を遂行した人たちを、今になって国益のためであるという名目で知らぬふりをするなら、国家は不道徳であるという非難をまぬかれえない」と、彼らを「愛国者」「国家有功者」として位置づける事を主張している。

◈◈◈ 秘密工作の公論化と冷戦・分断時代の終焉

たしかに、軍事独裁政権は甘言を弄して特殊部隊員たちを冷血に使い捨ててきた。彼らは被害者であるが、彼らがテロ・破壊活動に従事した点は見過ごすわけには行かない。映画のヒットを契機に、実尾島事件部隊員の名誉回復・補償の動きがあるが、部隊員の身元を国防部が確認し責任を認めたとしても、「反乱」「上官殺害」「殺人」「拉致」などの罪はまぬかれない。また、他の特殊部隊員も、国家に利用され、当時の「主敵」(注5)であった北朝鮮を標的にしたものであっても、テロ・放火・拉致・破壊などの不法行為を恣にした責任は、停戦協定や国際法に照らして逃れえない。

ましてや、いまや南北共同声明によって開かれた和解・協力の時代と正面から衝突する。だから、特殊部隊員の問題は、分断時代の狂気と国家暴力の残忍さを証明する教訓として、民衆に加えられた犠牲と暴力の責任を糾し、その被害を回復する営みの一環として位置づけられるべきであろう。

南北共同声明の合意により、2000年9月、韓国に半世紀近く囚われていた、非転向政治犯64名がピョンヤンに帰還した事は、分断時代に終止符を打つ画期的な事件であった。獄中の政治犯たちは、生きて故郷に帰る日が来ようとは考えなかった。

なぜなら、送還交渉は地下工作員の韓国への派遣を認めて初めて成立するのであるが、非合法活動を否認してきた北朝鮮政府が認めるはずがなかったからであった。ところが、奇跡のように帰還が実現した。実質的には86年以降、南北ともに地下工作員や特殊要員の派遣を中止したといわれるが、非転向政治犯の送還要求の意味は、再びこのような工作を行わないという北朝鮮の公式表明であると解釈するのが妥当であろう。韓国での特殊部隊員の問題の公論化も同じ意味を持っている。

日本では評価されないが、日朝ピョンヤン会談で金正日総書記が「拉致」を認めたのも、日朝関係の暗黒の部分の清算と関係の正常化への意思の表明だと見るべきであろう。

◇◇◇ 過去清算から未来への和解へ、日本への教訓

韓国国会で、今年、一連の過去清算法が通過した。すなわち、1月に、上記、特殊部隊法と、日本にも大きな影響を与えると思われる「日帝強占下強制労働犠牲等に関する特別法」、それから、2月には、1世紀以上前の甲午農民戦争の「東学《トンハク》農民革命軍の名誉回復などに関する特別法」や、朝鮮戦争期の米国の民間人虐殺事件である「老斤里《ノグンリ》事件犠牲者審査および名誉回復に関する特別法」、全斗煥政権が「馴化」の美名の下に一般市民に非人間的訓練を強要した事件に対する「三清《サムチョン》教育隊補償法」、そして、3月2日には、日本植民地統治下の「親日派」の真相を探る「日帝強占下の親日・反民族行為真相究明特別法」が可決された。

これ以外にも、「光州事件名誉回復・補償法」や「済州4・3事件特別法」などが、かつて立法され、いま国会に過去清算関係の数十件の法案や請願がなされている。いまや、韓国では、国家機密という聖域は破壊され、公権力の醜悪な犯罪が次々とさらけ出されて

いる。これこそが、韓国民主化のバロメーターである。

残念ながら、日本では未来に向けての出発点である「過去清算」が著しく遅れている。東アジア近隣諸国に対する過去清算はさておいても、そもそも関東大震災、治安維持法、総動員法、レッド・パージなどで日本人自身、あるいは大日本帝国臣民とされていた者へ加えられた公権力の無残な犯罪についても、日本政府は真相を明らかにし、謝罪・賠償をしたためしがない。それどころか、小泉総理は元旦早々から、軍事施設ともいえる靖国神社に駆けつける時代錯誤を演じた。

また広島、長崎の原爆の悲劇以来、「拉致」問題で初めて「被害者」として位置づけられた日本人は、最も孤立し困難な状況にある北朝鮮や在日朝鮮人に陰湿な攻撃を繰り返している。平和と民主主義という戦後日本のアイデンティーをかなぐり捨てて、改憲・軍事化の方向に驀進する自己破壊的な日本人の姿は、ナチ登場の前夜、ワイマール共和国崩壊期の「苛立ち挫折した」ドイツの小市民を思い起こさせる。

日本人が自らの公権力の犯罪に対して、明確に「聖域なき過去清算」を求める時、日本は「正常な国」となり、東アジアにおいて平和の展望が開けるのである。日本版「実尾島」が空前の大入りを記録する日は来るのだろうか。

（注1） 対共とは、対共産主義（Counter Communist）の略で、北朝鮮関連、共産主義・左翼運動に対する工作を意味する。

（注2） 共産匪賊の略。すなわち（北朝鮮）共産ゲリラを意味する。

（注3）「開かれた我党」の意。韓国の少数与党。昨年末、「新千年民主党」から分党した。「ウリ党」と略称する。

（注4） 韓国軍情報司令部は、国政監査で韓国国会国防委員会に提出した資料で、１９５１年から１９７４年まで、１３、０００名余（１３、８３５名）の対北朝鮮特殊部隊員を養成し、死亡・行方不明者７、８００余名、負傷者３００余名としている（『韓国日報』03／9／21）。

（注5） 国家安全保障会議（ＮＳＣ）の徐柱錫《ソジュソク》戦略企画室長は5日、北朝鮮を韓国の主敵と規定する問題について「全般的に検討する必要がある」と述べた。徐室長の発言は、5月に国防白書の発刊を控えて、韓国政府が事実上「主敵＝北朝鮮」概念を放棄したものと分析される。（『東亜日報』04／３／６）

（『軍縮問題資料』２００４年3月）

［7］「率直」と「譲歩」を和解と平和へのバネに

――日朝首脳会談によせて

今回の首脳会談は、各方面に大きな衝撃を与えた。「拉致」6名を含む8名の日本人の死亡確認が家族たちになされる映像に胸をえぐられなかった人はいなかっただろう。「拉致」の事実を認め公式に謝罪をした金正日総書記の「率直」さにも驚かされた。かつて民族全体が最大の被害を被り、「謝罪」を受けるべき日本に対して、「謝罪」を表明した屈辱と無念はいかほどであっただろうか。全く想像を絶する「率直」さである。その「率直」さは、かえってパンドラの箱を開けることになったのだ。

まず、被害者家族が真相究明、加害者処罰、賠償を求め、朝鮮民主主義人民共和国（北朝鮮）の責任追及が叫ばれており、日朝国交正常化交渉の「正面突破」を意図した「率直」さが、今後の交渉の最大の暗礁としてたち現れた。被害者が遭遇した「不条理」を、政治家や反共ブローカーたちが変質させ、一部では、すでに以前にも勝る粗野な反北朝鮮キャンペーンが展開されている。被害者が遭遇した「不条理」は、在日朝鮮人にも襲いかかっている。ある同胞は次のようにメールを寄せてきた。

拉致被害者家族の方の無念さ、悲しみ、怒りは胸に突き刺さります。同時にそれは私達民族が奥底に持ち続けた悲しみや怒りと重なるものではないのだろうかと……でも、そこに向けられる視線はなく、感情に隔たりと距離を感じています。（ＹＹ）

次に、その間の日本政府の責任に向けられた矛先は、安保・治安強化の要求へと向かい、排外主義や軍事主義を正当化させ、自由や民主主義を閉塞させかねない。会談の波及は日本国内にとどまらず、かつて２０００年の南北和解に至る過程で、冷戦派によって和解反対論として提起された、日本の数千倍に及ぶ韓国での朝鮮戦争時の国軍捕虜、その後の被拉致者の問題が再び頭をもたげた。これは、大統領選挙の思惑とも絡んで、一部政治勢力によって、金大中政権の包容政策の成果の全否定の道具として使われようとしている。

最後に、なによりも、北朝鮮の公式的立場を支持し、冷戦時代に忠誠を尽くした人たちを困境に陥いれかねず、最高指導者の権威と党の無謬性・潔白性に傷をつけ、北朝鮮でのペレストロイカの信号弾になるかもしれない。日朝首脳会談の結果から見ても、北朝鮮政府は、７月頃を機に改革・開放の方向へと大きく舵を切ったと考えられるが、朝鮮半島と東北アジア地域の平和定着のシナリオが、対等で段階的な統合を目指すものであるなら、混乱は望ましいものではない。

平和の誓である「日朝ピョンヤン宣言」は、頂上会談の華麗さは微塵もなく、むしろ最後通牒を突きつける交戦国代表のような硬直し苦渋に満ちた両首脳によって署名された。このことが象徴しているように、率直がもたらすリスクを承知しながらも、戦争の危機と経済的困窮を打開するには、全てをさらけ出した「率直」に足場を築くしかないという金正日総書記の抜き差しならぬ苦渋の決断であったと思える。

「ピョンヤン声明」は北朝鮮の全面「譲歩」であり、戦後日本が収めた稀なる「外交的勝利」、「自主外交」のイニシアティブであったと言ってもよかろう。ただし、この「外交的勝利」は、圧倒的な力の不均衡を背景とした、パワー・ポリティックスの「相互主義」的手法に貫かれたものであり、その間、朝鮮半島での協力・和解・平和を進めてきた韓国の「包容主義」的政策との不整合性に注目しなければならない。冷戦期とポスト冷戦期に、弱小な国を率いて、ギリギリの外交カードを切りながら、国際政治の荒波をくぐりぬけ、「タフ・ネゴシエーター」としての名声が高かった北朝鮮外交は、今回の交渉においては、一転して「外交不在」といわれてきた日本外交に一方的に押しまくられたと言えよう。内容はもちろんのこと、「文言」においても、「もう少し言いようがあるのでは」という指摘が出るほど、余韻すら残せなかった。

拉致問題や不審船の再発防止約束は北朝鮮自身が「過去との断絶」を闡明したものであり、上記の「率直」と関わって北朝鮮体制の全面転換を示唆するものといえよう。アメリカが注視する核問題での「全ての国際合意順守」やミサイルの無期限発射凍結は、日本の肩越しにアメリカを意識したものであるが、同時に小泉総理の位相に配慮し、日朝共同声明を国際的に強固なものにさせる工夫であり、結果的には東北アジアにおける日本の外交的影響力を高めるものであった。このような「譲歩」がなされた背景は、北朝鮮の経済的困難と、戦争威嚇を押し立てた「力の外交」の成果とする見解が一般的であるが、拉致問題を踏まえた自らの立地点に対する認識や、「過去との断絶」が強く意識されたように思われる。

国交正常化、安全保障問題と並んで、日朝交渉の三本柱の一つである過去清算は、日韓条約水準で妥結し、全ての問題で日本の主張がほぼ貫徹された。それは、日本と朝鮮半島全体の過去清算が1965年で停止したことを意味し、世界人権宣言で明らかにされ、90年代に具体化した国際人権の基準の実現が東北アジアにおいて霧散したことを意味する。韓国でも、日韓条約で歪曲された日韓の歴史的清算が日朝首脳会談で正しくなされることを期待する声が高かった。しかし今回の結果は、北朝鮮の自主・独立路線に共感し、あるいは日本とアジアとの真の和解を願いつつ、日本の過去清算における「真相究明、加害者処罰、賠償」の原則が貫徹されることを期待してきた多くの人たちに大きな失望を抱かせた。この問題に関する在日朝鮮人のメールを紹介しよう。

ショックで、大変落ち込んでいましたので、少し冷静さを取り戻しました。

朝日交渉は、単に朝・日間だけの問題にとどまらず、加害国と被害国が植民地支配責任を清算するという、全世界の被害国にとっても非常に重要な意義とまた使命を帯びたものであるにもかかわらず、残念な結果となってしまいました。私自身の共和国への信頼も少し動揺をきたしているような状態です。（ＫＪ）

ボールは日本に返された。今後、関係正常化交渉の過程で、「率直」と「譲歩」を日本人がいかに受けとめるかが、日本と東アジアの明暗を分けてゆくだろう。過去の清算は、ドイツの例をとるまでもなく、ソ連や中国において歴史の大転換点で衝撃的な姿をあらわした。また、「革命と戦争・暴力の世紀」の幕引きにあたって、中南米、南ア、最近では韓国や台湾でもかつての恐ろしい国家暴力被害の真相解明・名誉回復・補償・和解が進んできた。２０００年度の南北共同声明はその「和解のグローバリゼーション」の頂点にあり、南北朝鮮は激しい敵対と憎悪、数百万人の犠牲を乗り越え、和解と協力の時代に進入した。真実が国際政治の中でいかに歪曲されたものであり、醜悪であっても、出発点は真実でしかない。そこから真実を認め合い、和解し、未来に向けて共同の関係を作ってゆくことこそが、重要である。今回の金正日総書記の「率直」もその流れにあり、小泉訪朝では、その流れに立ち和解を東アジア全域に広げ、平和定着を実現するチャンスを迎えたと、理解すべきだ。

ピョンヤン宣言前文では「地域の平和と安定」を謳っており、小泉総理は「この地域に安定的な平和を構築する大きな一歩を踏み出すことを望んでピョンヤンにやってきた」と語っている。これが、最小公約数である。相互の意図を疑い、極端な対立・不信の中で、武力で保障された平和しか発想できなかった日朝が、平和が最小公約数であることを確認することができたとしたなら、一応の成果であると評価せねばなるまい。ブッシュが「武力による平和」を叫んでいるからこそ、武力によらぬ安全保障と平和を展望することの切迫性はさらに大きい。

また、今回の結果を受けて、在日朝鮮人の中においてすら、高みから「非正常な国、北朝鮮は『普通の国』になれ」といった高説を垂れるむきもあるが、「非正常」は双方向的な視点から認識されねばならない。「遊撃隊国家」の原型は、日本の植民地支配に対する民族解放闘争の中で作られた。38度線を隔てて、朝鮮戦争の停戦協定は未だ生きており、北朝鮮は今もアメリカと戦争状態にある。朝鮮戦争時期に日本が朝鮮半島への爆撃・後方基地として使用され、一部の日本人が参戦したことなどを挙げるまでもなく、アメリカの同盟国である日本と北朝鮮は、冷戦時代を通じて準戦争状態であった。その非正常を作ってきた関係性は双方によって担われてきたものである。「非正常な関係」が生んできた問題は正常化の中で解決されねばならない。

日本では、北朝鮮に対する報復・制裁を叫ぶ人たちもいるが、過去への報復は自らの未来をも報復する。折りしも、南北鉄道連結の起工式が行なわれ、南北和解・協力・平和は新らたな実践の階段を上った。北朝鮮に対する報復・制裁論は、日朝関係だけではなく、東アジアの平和を脅かし朝鮮半島全体との関係を緊張させるだろう。金大中政権の対北「包容政策」の推進過程で、日本は、朝鮮半島における協力・和解、統一という時代的潮流を十分に受容することができず、韓国との友好、北朝鮮との敵対という冷戦時代の指向を踏襲した朝鮮半島政策に執着し、北朝鮮とだけではなく、韓国とも不協和音を生み出した。日朝関係、日韓関係は、日・韓朝関係として認識されねばならず、対北朝鮮国交正常化交渉を対朝鮮半島政策として構想される必要がある。

アメリカなどは、今回の結果を「力の外交」の勝利とするが、これは、はしなくも今回の交渉が「正義」や「公正」に基づくものではなく、「武力脅迫」によるものであることを露にしている。「力の外交」の実態は、国際法や基本的人権、さらには人間的な感性をも踏みにじる、アメリカの「反テロ」狂騒や、アフガン戦争、イラクへの戦争恫喝に如実に示されている。「力」は屈服を強要することはできても、承服させることはできず、恨みを残し、災難を招く。北朝鮮と日本との国家間の問題に一応の決着がついたとしても、個人に対する補償問題は解決されておらず、広範な南北朝鮮の民衆を納得させるものではない。実務的に国交回復がなされても「率直」によって生みだされた「シコリ」を超え、朝鮮人と日本人が心から打ち解けることができる日が来るのかも心配だ。全体朝鮮人には、「率直」により解放された創造的で自主・自立した未来への展望を開く課題が付与された。日本は、この機に国家間の和解だけではなく、東アジア民衆全体との和解を視野に入れた、大きな構想の中で、「アジアによるアジアの平和」へと進むべきであろう。

（『世界』２００２年11月号）

著者紹介

徐　勝（ソ・スン　SUH Sung）

1945年京都生。東京教育大学卒、ソウル大学校大学院に留学。立命館大学法学部教授（比較人権法・現代韓国の法と政治）。立命館大学コリア研究センター長。日本平和学会理事。東アジアにおける重大な人権侵害とその回復、および同地域における和解と平和を研究している。

編著：『韓米FTAと韓国経済の危機』（晃陽書房、2009年）、『北朝鮮が核を放棄する日—朝鮮半島の平和と東北アジアの安全保障に向けて』（晃洋書房、2008年）、『現代韓国の民主主義の新展開』（お茶の水書房、2008年）、『韓流のうち外—韓国力と東アジアの融合反応』（お茶の水書房、2008年）、『現代韓国の安全保障と治安法制』（法律文化社、2006年3月）、『東アジア冷戦と国家テロリズム—米日中心の地域秩序の改変のために』（お茶の水書房　2004）、『獄中19年—韓国政治犯の闘い』（岩波新書　1994）など。

だれにも故郷《コヒャン》はあるものだ——在日朝鮮人とわたし

2008年11月15日　初版第1刷発行

2009年6月15日　初版第2刷発行

著　者————徐　勝

装　幀————中野多恵子

カバー挿絵——洪 成 潭

カバー写真——月刊『イオ』編集部提供

本文イラスト—朴　民　宜

発行人————松 田 健 二

発行所————株式会社 社会評論社

東京都文京区本郷2-3-10

☎ 03(3814)3861　FAX 03(3818)2808

http://www.shahyo.com

組版：スマイル企画

印刷・製本：倉敷印刷

在日朝鮮人の人権と植民地主義

歴史・現状・課題

●金昌宣

半世紀を超える分断と、持続する日本の植民地主義的政策。在日朝鮮人の社会にも世代交代が進み、民族意識の稀薄化が進行し、同化現象が広がる。社会保障、植民地法制史、法的地位、戦後補償訴訟などを概説。(2008・3)

四六判★ 2800 円／ 0292-9

闇から光へ

同化政策と闘った指紋押捺拒否裁判

●申英子・熊野勝之

1980 年代、指紋押捺拒否裁判の証人として、著者は半生をふりかえる。大阪猪飼野での貧しく辛い生活の中で、朝鮮人差別は少女の心と肉体に、深い傷を負わせた。自らを肯定し、回復していくために。(2007・1)

四六判★ 2800 円／ 0289-9

朝鮮学校ってどんなとこ？

●ウリハッキョをつづる会

インターハイでの活躍も注目されるようになったが、いったいどんな学校なんだろう。どうしてそこにあるのか、どんな教科書で学んでいるのか。よく聞かれる「疑問」に、朝鮮学校に子どもを通わせるオモニたちが答える。(2007・6)

四六判★ 1500 円／ 0775-7

[増補改訂版]
朝鮮学校の戦後史

1945-1972

●金徳龍

寺子屋式の「国語講習所」から始まるその歴史、民族団体とその教育路線との関連、教育制度、教科書編纂事業と教員養成など、豊富な資料・聞き書きをもとに、朝鮮学校における民族教育の実態を明らかにする。(2004・1)

A5 判★ 4500 円／ 0785-6

わたしを呼ぶ朝鮮

●平林久枝

1945 年 8 月 2 日、東京八王子は空襲で焼けた。そのとき 13 歳の少女の前にあらわれた白いチマ・チョゴリのオモニと子どもたち——。青春を朝鮮人の妻として生きたある女の自分史。(1992・1)

四六判★ 2000 円／ 0241-7

現代韓国の社会運動

民主化後・冷戦後の展開

●金栄鎬

韓国の在野運動は、多様な展開を見せつつ、いまなお韓国政治のあり方を深部で規定し続けている。民衆運動の急進化、市民運動の分化、政権との関係、諸運動の組織的な推移と主張などを紹介。(2001・5)

四六判★ 2600 円／ 0277-6

メディア「凶乱」

報道加害と冤罪の構造を撃つ

●浅野健一

「遺族の気持ち」をタテに報復感情を煽り、被告人や弁護士に対するバッシングを繰り返す。過去の報道を自ら検証する意識も能力もない。「ねつ造問題」を「ねつ造」する。崩壊するマスメディアの病理を撃つ。(2007・12)

四六判★ 2200 円／ 1465-6

戦争報道の犯罪

大本営発表化するメディア

●浅野健一

権力に対する監視という役割を忘れたマスコミ。戦争と排外主義に向かう社会のムードは、メディアが先導している。極右政治家と NHK の結託、自衛隊による報道管制、イラク開戦前後のアメリカの状況など。(2006・4)

四六判★ 2300 円／ 1453-3

「報道加害」の現場を歩く

●浅野健一

「事件」がおこるたびに集団で押しかけ、被疑者・被害者・住民に対してなんでもありの人権侵害報道を繰り返すマスコミ。「ペンを持ったおまわりさん」の問題性を、さまざまな事件の報道検証を通じてえぐり出す。(2003・12)

四六判★ 2300 円／ 1434-2

検証・「拉致帰国者」マスコミ報道

●人権と報道・連絡会編

独裁政権の国家犯罪。でも、「帰国者」や家族に群がる取材陣、煽情的なキャンペーン、忘れ去られた植民地支配責任など、おかしなことがたくさんだ。「週刊金曜日」などで活躍のジャーナリスト・研究者集団による総検証。(2003・3)

四六判★ 2000 円／ 1425-0

フジサンケイ帝国の内乱

企業ジャーナリズム現場からの蜂起

●松沢弘

「事件」がおこるたびに集団で押しかけ、被疑者・被害者・住民に対してなんでもありの人権侵害報道を繰り返すマスコミ。「ペンを持ったおまわりさん」の問題性を、さまざまな事件の報道検証を通じてえぐり出す。(2003・12)

四六判★ 1800 円／ 1447-2

放送メディアの歴史と理論

●木村愛二

NHK、フジテレビ、TBS、放送メディアの危機と再編。今、なにが問われているのか。出発点において、内務官僚が操った日本の放送メディア史をたどり、うごめく電波独占支配の影武者たちを照らし出す。(2005・11)

四六判★ 2400 円／ 1451-9

6月の雷撃

朝鮮戦争と金日成体制の形成

●森善宣

中国、韓国、ロシア、米国で公開された新資料をもとに、当時の国際情勢と朝鮮労働党内の権力闘争の実態を精緻に分析し、朝鮮戦争と金日成独裁体制の形成過程をリアルに描く。朝鮮・韓国現代史研究における画期をひらく労作。(2007・10)

A5判上製★2800円/0291-2

韓国プロテスタントの南北統一の思想と運動

国家と宗教の間で

●李鎔哲

80年代の韓国にあって、既存の政治秩序の批判的変革をめざし、対話と寛容をもって南北の平和的統一を図ろうとしたプロテスタントの運動。「政教間対立」から市民社会における合意形成の試みを考察する。(2007・9)

A5判★3200円/0290-5

アメリカ人宣教師と朝鮮の近代

ミッションスクールの生成と植民地下の葛藤

●李省展

19世紀から20世紀初頭は、アメリカの海外宣教師熱の顕著な時期。神学生はキリスト教とアメリカ文化を扶植するエージェントとして東アジアに赴いた。朝鮮近代史におけるアメリカ型近代の受容と発展を解明。(2006・1)

A5判★3800円/0287-5

[増補改訂版]

中国の少数民族教育と言語政策

●岡本雅享

近代国家は領域内の少数民族に対し、使用言語や教育における同化政策をとってきたが、中国政府は55少数民族に対してどう対応したか。各民族社会の形成過程と現状を豊富な資料と調査に基づき解明する。(2008・4)

A5判★8200円/0570-8

日本植民地教育の展開と朝鮮民衆の対応

●佐野通夫

朝鮮人自らがつくった教育機関を否定し、日本語教育へと置き換えた日本の植民地教育。1920年代の朝鮮人の「忌避」から「受容」へと転換の背景には、朝鮮民衆の教育要求が流れていた。「受容」の中の抵抗の姿。(2006・2)

A5判★7500円/0288-2

朝鮮半島 危機から平和構築へ

●菅英輝編著

米国・日本・韓国・中国・ロシアの対北朝鮮政策を分析し、危機と対立の構造から緊張緩和と平和構築へ到る可能性を探る。この地域の多国間安全保障システムの構築をめざす日韓両国の共同研究の成果。(2004・4)

四六判★2300円/1437-3